大眾心理館

心靈成長 5

鄭石岩作品集

國家圖書館預行編目資料

妙喻扭轉人生：隱喻啟發易開悟，撥雲見日展新機
／鄭石岩著. -- 初版. -- 臺北市：遠流, 2009.04
面；　公分. --（大眾心理館鄭石岩作品集.
心靈成長；5）

ISBN 978-957-32-6455-2（平裝）

1. 修身　2. 生活指導

192.1　　98003883

大眾心理館
鄭石岩作品集　心靈成長 5
妙喻扭轉人生
隱喻啟發易開悟，撥雲見日展新機

作者：鄭石岩
執行主編：林淑慎
特約編輯：楊菁
美術設計：陳小惠
發行人：王榮文
出版發行：遠流出版事業股份有限公司
100 臺北市南昌路二段 81 號 6 樓
郵撥：0189456-1
電話：2392-6899　傳真：2392-6658
法律顧問：王秀哲律師 ・ 董安丹律師
著作權顧問：蕭雄淋律師
2009 年 4 月 1 日　初版一刷
行政院新聞局局版臺業字第 1295 號
售價新台幣 240 元（缺頁或破損的書，請寄回更換）

ISBN　978-957-32-6455-2

YLib.com 遠流博識網　htt http://www.ylib.com
E-mail: ylib@ylib.com

妙喻扭轉人生

隱喻啟發易開悟，撥雲見日展新機

鄭石岩／著

總序

我的創作歷程

寫作是我生涯中的一個枝椏，隨緣長出的根芽，卻開出許多花朵，結成一串纍纍的果子。

我寫作的著眼點，是想透過理論與實務的結合，闡釋現代人生活適應之道，提倡正確的教育觀念和方法，幫助每個人心智成長。透過東西文化的融合，尋找美好人生的線索。我細心的觀察、體驗和研究，繼而流露於筆端，寫出這些作品。書中有隨緣觀察的心得，有實務經驗的發現，有理論的引用，也有對現實生活的回應。在忙碌的工作和生活中，我採取細水長流，每天做一點，積少成多。

從第一本作品出版到現在，已經寫了四十幾本書。這些書都與禪佛學、教育、親職、心靈、諮商與輔導有關。寫作題材從艱深的禪學、唯識及心靈課題，到日常生活的調適和心智成長，都保持深入淺出、人人能懂的風格。艱澀冗長的理論不易被理解，特化作活潑實用的知識，使讀者在閱讀時，容易共鳴、領會、受用。因此，這些書都有不錯的評價和讀者的喜愛。

每當演講或學術討論會後，或在機場、車站等公共場所時，總是有讀者朋友向我招呼，表達受惠於這些著作。他們告訴我「你的書陪伴我度過人生最困難的歲月」，或說「我是讀你的書長大茁壯的」。身為一個作者，最大的感動和安慰，就在這些真誠的回應上：歡喜看到這些書在國內外及中國大陸，對現代人心靈生活的提升，發揮了影響力。

多年來持續寫作的心願，是為研究、發現及傳遞現代人生活與工作適應的知識和智慧。所以當遠流規劃在【大眾心理館】裡開闢【鄭石岩作品集】，期望能更有效服務讀者的需要，並囑我寫序時，心中真有無比的喜悅。

我在三十九歲之前，從來沒有想過要筆耕寫作。除了學術論文發表之外，沒想過要從事創作。一九八三年的一場登山意外，不慎跌落山谷，脊椎嚴重受創，下半身麻痺，面臨殘障不良於行的危機。那時病假治傷，不能上班，不多久，情緒掉到谷底，憂鬱沮喪化作滿面愁容。

秀真一直非常耐心地陪伴我，聽我傾訴憂慮和不安。有一天傍晚，她以佛門同修的立場警惕我說：「先生！你學的是心理諮商，從小就修持佛法；你懂得如何助人，也常常在各地演講。現在自己碰到難題，卻用不出來。看來你能講給別人聽，自己卻不受用。」

我聽完她的警語，心中有些慚愧，也有些省悟。我默然沉思良久。我知道必須接納現實，去面對眼前的困境。當晚九時許，我對秀真說：「我已了然於心，即使未來不良於行，也要坐在輪椅上，繼續我的教育和弘化工作，活得開心，活得有意義才行。」

她好奇的問道：「那就太好了！你準備怎麼做呢？」

我堅定的回答：「我決心寫作，就從現在開始。請你為我取下參閱的書籍，準備需要的紙筆，以及一塊家裡現成的棋盤作墊板。」

當天短短的對話，卻從無助絕望的困境，看到新的意義和希望。我期許自己，把東方的禪佛學和西方的心理學結合起來，變成生活的智慧；鼓勵自己，把學過的理論和累積的實務經驗融合在一起，成為活潑實用的生活新知，分享給廣大的讀者。邊研究邊寫作，邊修持邊療傷，健康慢慢有了轉機，能回復上班工作。歷經兩年的煎熬，傷勢大部分康復，寫作卻成為業餘的愛好。從一九八五年出版第一本書開始，所有著作都經秀真校對，並給予許多建議和指教。有她的支持，一起分享作品的內容，而使寫作變得更有趣。

住院治療期間，老友王榮文先生，遠流出版公司的董事長，到醫院探視。我送給他一本佛學的演講稿，本意是希望他也能學佛，沒想到過了幾天，他卻到醫院告訴我：「我要出版這本書。」

我驚訝地說：「那是佛學講義，你把講義當書來出，屆時賣不出去，你會虧本的。這樣我心不安，不行的。」

他說：「那麼就請你把它寫成大家喜歡讀的書，反正我要出版。」

就這樣允諾稿約，經過修改增補，《清心與自在》於焉出版，而且很快就暢銷起來。因為那是第一本融合佛學與心理學的創作，受到好評殊多。爾後的每一本書，都針對一個現實的主題，紮根在心理、佛學和教育的學術領域，活化應用於現實生活。

禪佛學自一九八五年開始，在學術界和企業界逐漸蔚成風氣，形成管理心理學的一部分，企業界更提倡禪式管理、禪的個人修持，都與這一系列的書籍出版有關。

後來我將關注焦點轉移到教育和親職，相關作品提醒為師為親者應注意到心理健康、學生輔導、情緒教育等，對教育界也產生廣泛的影響。教師的愛被視為是一種能力，親職技巧受到更多重視，我的書符合了大家的需要，並受到肯定，例如《覺・教導的智慧》一書就獲頒行政院新聞局金鼎獎。

在實務工作中，我發現心靈成長和勵志的知識，對每一個人都非常重要。於是我著手寫了好幾本這方面的作品，許多家長把這些書帶進家庭，促進親子間的和諧，並幫助年輕人心智成長；許多大學生和初踏進社會的新鮮人，都是這些書的讀者。許多民間團體和讀書會，也推薦閱讀這些作品。

唯識學是佛學中的心理學，我發現它是華人社會中很好的諮商心理學。不過原典艱澀難懂，於是我著手整理和解釋，融會心理學的知識，變成一套唯識心理學系列。此外，禪與諮商輔導亦有密切的關係，我把它整理為禪式諮商，兼具理論基礎和實用價值，對於現代人的憂鬱、焦慮和暴力，有良好的對治效果。目前禪與唯識，在心理諮商與輔導的應用面，不只台灣和大陸在蓬勃發展，全世界華人社會也用得普遍。每年我要在國內外，作許多場次的研習和演講，正是這個趨勢的寫照。

二十年來我在寫作上的靈感和素材源源不絕，是因為關心現代人生活的適應問題和心理健康。我從事心理諮商的研究和實務工作超過三十年，個案從兒童青少年到青壯年及老年都有；類別包括心理調適、生涯、婚姻諮商等，我也參與臨終諮商及安寧病房的推動工作。對於人類心靈生活的興趣，源自個人的關心；當我晤談的個案越多，對心理和心靈的調適，領會也越深。

我的生涯歷練相當豐富。年少時家境窮困，為了謀生而打工務農，當過建築工、水果販、小批發商、大批發商。經濟能力稍好，才有機會念大學。後來我當過中學老師，在大學任教多年，擔任過簡任公務員，也負責主管全國各級學校訓輔工作多年，實務上有許多的磨練。

我很感恩母親，從小鼓勵我上進，教我去做生意營生。她在我七歲時，就帶我入佛門學佛，讓我有機會接觸佛法，接近諸山長老和高僧，打下良好的佛學根柢。我也很感恩許多長輩，給我機會參與國家科技推動工作長達十餘年，從而了解社會、經濟、文化和心理特質，是個人心靈生活的關鍵因素。如果我觀察個案的眼光稍稍開闊一些，助人的技巧稍微靈活一點，都是因為這些歷練所賜。在寫作時，每一本書的視野，也變得寬博和活潑實用。

現在我已過耳順之年，但還是對於二十餘年前受重傷所發的心願，珍惜和努力不已。希望在有生之年，還有更多精神力從事這方面的研究和寫作。寫作、助人及以書度人，是我生命意義中很重要的一部分，我會法喜充滿地繼續工作下去。

#《妙喻扭轉人生》目錄

總序／我的創作歷程……4
自序／妙喻的啟發作用……14

壹 隱喻的啟發性……21
1 隱喻晤談……24
2 隱喻的效用……28
3 象徵式語言……32
4 禪機妙喻……38
5 公案與隱喻……44
6 詩歌詠唱……50
7 隱喻的要領……56

貳 涵養生活態度……61
1 殺了領路人……64
2 兩鬼爭物……68
3 溺死一船人……72
4 五人使喚一奴……76
5 一捧水多……80
6 燒衣求美服……84
7 沉香燒成炭……88

8 砍樹取果……92
9 黃金在岸上……96
10 願為王剃鬚……100
11 看窯工做瓶……104
12 二子分財……108

參
精進踏實人生……113
1 只造第三層樓……116
2 炒熟芝麻當種子……120
3 牛腹儲乳……124
4 縮短路程……128
5 莽夫治病……132
6 刻船尋盃……136
7 償還割肉……140
8 本末顛倒……144
9 為夫人換鼻子……148
10 驢子本事大……152
11 礦師的眼睛……156
12 愚夫討債……160

肆
陶冶安定心境……163
1 守門人……166
2 拿穀粉刷牆……170
3 為甘蔗施肥……174
4 丟掉一群牛……178
5 偷牛賊……182

6 迷戀吃藥……186
7 受騙的牧羊人……190
8 我沒有魯莽……194
9 爐上糖漿……198
10 警覺的烏龜……202
11 傻子受苦……206
12 烈火盆水……210

伍 啟迪穎悟智慧……213

1 愚人吃鹽……216
2 名醫採藥……220
3 白吃六個餅……224
4 老師受害……228
5 磨製玩具……232
6 禿頭求醫……236
7 泉水不停……240
8 寶篋裡有人……244
9 學國王眨眼……248
10 上樓磨刀……252
11 喝不完的河水……256
12 索討無物……260

自序

妙喻的啟發作用

隱喻的故事具有豐富的意義和啟發性，無論閱讀、聽聞和欣賞，對於個人性靈、心境和情緒，都可能造成深度的感動，透過領會帶來嶄新的生活態度。

在教導、溝通和諮商的過程中，若能加入恰到好處的隱喻，常能誘發當事人或學生反省、領悟和創意思考的能力，進而產生主動、負責的態度，去面對他所面臨的問題。

多年來，我從佛學的研究以及禪的體驗中，發現佛經所記述的內容，都是佛陀和弟子的談話（有時是個別晤談，有時是團體會談，有時是對大眾開示或教誡），而在這樣的師徒談話中，使用了相當多的隱喻或譬喻，這種啟發方式不但影響了往後的宗教傳承方式，其對於心靈的啟發，更是引人入勝。因此我發現，隱喻具有活潑生動的感動性，只要在適當的時機提出，尤其是認知及意識活動到了相契的時候，隱喻常給人帶來豁然開朗的領會。

隱喻不會讓人死守著定義，不致停留在知性化（cerebration）裡，導致雖然明白其道理，卻陷在無法引發行動和共鳴的消極態度中。隱喻能有舉一反三的作用，以及清醒面對真理的效果，它不但能引發創意，更能產生主動性，讓人積極面對自己當下的際遇。

於是從一九七五年起，我便引用禪宗的啟發方式，將公案禪詩運用在教學、溝通和諮商晤談上，漸漸歸納出有效的隱喻諮商技巧。在累積多年的諮商經驗後，我發現其運用有幾個重要原則：

- 契機應緣：隱喻要與個案談話時的心理狀況相銜接，更要和他的文化及生活經驗相契合。
- 把握時機：當個案的認知基模鋪陳到某個隱喻正好可以啟發他時，適時提出，效果最好。
- 了解和追蹤：從隱喻中引申、互相交談和解釋，巧妙地引導投射到眼前的困擾裡，使個案引發共鳴、省發和主動回應問題的動機，進而產生行動計畫，並追蹤其執行狀況。

隱喻的素材很多，包括寓言、故事、軼事、詩歌、公案及譬喻等等。它們通常具有豐富的意義，透過隱喻進行交談，投射在當事人的困擾情境中，能引發創意式的思考，對自己該怎麼看待、怎麼做、怎麼自處、怎麼行動等等，產生清醒的反省。隱喻晤談有很好的提示效果，卻沒有說教和告誡那樣容易引起嫌惡和防衛性的缺點。此外，由於它的類比特質，在晤談及事後個案的參契中，容易產生更多的自我省發，因此它對個案的啟發作用具有長期的效果。

隱喻是一種象徵性語言，這種語言不但在古老文化中普遍用來傳承生活智慧，更是心靈生活的涵養素才。它也常用在宗教弘佈和民間習俗及儀式上，如婚喪喜慶的活動中，便有頗多具隱喻性的故事與意含。

我將隱喻使用在心理晤談上，是很自然的嘗試，三十餘年的經驗累積，對於使用的技巧，可說已經相當活潑嫻熟、得心應手。比如說，在二〇〇八年這一波金融海嘯的災難中，對於財富嚴重受損的個案來說，就像是從天堂掉落地獄一般的創痛，容易引發沮喪、無助和焦慮的症狀。一位中年男子與我談到他的失落和悲傷，表現出嚴重的憂鬱和沮喪。他說：「我快要活不下去了！真想一了百了。」我意識到他正陷入負面的思考模式，有可能自殺或自暴自棄，因此嘗試引導他往正面的方向思考。以下是我們隱喻性的談話：

「你說你遭遇到金融海嘯的大海難？」這時，海嘯已經成為隱喻了。

「我的生涯之船，在這一場海難中，完全翻覆，支離破碎。我就是在大海中等著被大海吞沒的船長。我的末日就在眼前。」我說：

「船長！發生海難時，要找救生設備！」

「我連救生設備都沒有了。」

「那麼一定有浮木或飄流的浮物，請抓住浮木，尋求生機。」

「那又有什麼用？」

「漂浮上岸，或等待救援；保住生命，再創奇蹟。」

「有奇蹟嗎？」他問。

「在最大痛苦中能撐得下去的，就像在海難中抓住一塊浮木，讓生命存活下來一樣，是人生莊嚴的壯舉。它比你過去的事業更加輝煌莊嚴。事業有生滅，精神力卻能永遠長存，會不斷創造下去。你能在沉重的打擊和失落中堅毅下去，便是在創造生命世界的奇蹟，實現生命力的光采。」

他開始有了反應，一種嶄新的神采綻露在他的眼裡。我們討論了生命的意義和信仰，談到要珍惜自己的慧命，莊嚴佛淨土。我把握時機說：

「你應該在這場海嘯中，去表現莊嚴佛淨土的生命力。」他點點頭表示同意。我接著又說：

「你身邊有什麼漂浮物？例如找個維生的小差事。」

「有的。我在朋友那兒找個臨時工作。」

「那個差事就是你的浮木。另一段莊嚴精采的人生，就從這裡開始。」於是，我給了他一張紙和一隻筆說：

「把你這位海嘯受難的船長，抓著一塊浮木求生的畫面繪在紙上。每天看著它，並告訴自己，這是精采人生的起點，將來要接著表現更動人的英雄故事。」

他用簡單的線條畫出波濤起伏的海面，並繪出一個人抱著浮木，在大海中漂著。我告訴他：

「參看這幅畫，去表現炫爛的生命力。」

晤談結束，他帶著那張簡單的畫離開，神情輕鬆許多，眼神裡增添了毅力和勇氣，肢體也挺了起來。我知道，一個新的生命奮鬥史，將會從這個隱喻開始。

這是一個能近取譬的隱喻。當然，我們還有許多現成的隱喻可用，然而為了讓讀者更加了解隱喻的技巧，因此本書主要引用《百喻經》為材料，並加以解釋，以便大家參考。

隱喻在品格教育、一般教學演講以及溝通的場合中，都具有活潑的啟發性。在家庭教育上，父母若能善用寓言、故事、傳記、譬喻故事、禪宗公案等作為閒聊的材料，對孩子的品格和生活態度等，必有正面的引導功效。

隱喻諮商、教導和溝通，是一種活潑、有啟發性的心靈開悟方法，不僅可以用來幫助個案或學生，也可以用在自助式的自我諮商上，進行自我反省和啟發，讓我們踏上自我實現的人生大道。

本書從隱喻和啟發的學理出發，以《百喻經》中的隱喻故事為主要題材，加以引申，做為現代人參契內省的資糧。透過四十八個小隱喻，不但能給諮商及教育工作者，帶來專業上的新知，更能給廣大的一般讀者，帶來人生的反省和創意。

壹

隱喻的啟發性

人類心靈生活的開展，以及愛心的陶冶，有很大部分是透過寓言、故事、軼事、公案、神話和詩篇的隱喻，來達到啟發效果的。因此，閱讀和欣賞隱喻資料，不管是對兒童或成年人，都具有發人深省的效果。

隱喻素材是人類最早用來啟發智慧、開闊胸襟和豐富心靈生活的主要方式之一，而幾乎所有的民族，都用這古老方式來編造傳說、神話和寓言；每種宗教，都用它來傳承教義和啟示；甚至連文學、藝術和詩篇，都離不開隱喻的手法，以表達它的內容和啟發性。顯然，隱喻是人類心靈生活的資糧，亦是傳承智慧與愛心的媒介。

就提升人類精神生活而言，心理諮商和輔導，是近代發展出來的科學。我們用它來扶持心理發展，矯治心理違常，維護心理健康。然而，隱喻這罈古老佳釀，卻在一九九〇年代才被用在諮商晤談之中，以補充非指導性取向（nondirective approach）的不足。

我們是靠著基模（schemas）來探索、思考和判斷，以便回應環境的挑戰。但由於現代教育往往過度重視科學的啟發，以致普遍忽略文化性的隱喻素材，這也是現代人精神生活厚度不足、心靈養分過於淡薄的原因之一，因此在生活的調適上便會出現偏差。所以，我們需要再次重視隱喻的文化素材，以此孕育深邃的智慧和宏觀的視野。

其次，在諮商與教導的過程中，為了保持個案或學生的主動性，就要避免以說教或教誡的方式來進行。因為這樣只會徒增防衛的心理，並無法得到省思的功效。而隱喻的方式不但能引發個案的反省，還能延伸思考，產生創意和醒悟，且能勇於面對問題。所以在諮商和教導上，若能使用隱喻的技巧，更能增進啟發的效果，產生寬廣的視野。

隱喻的素材，除了隨機取材、就近譬喻之外，大部分是文化累積的精華；它不只是直接摘述的內文，而是蘊涵多元啟發的材料，因此在諮商上具有深厚的價值。本篇旨在說明隱喻諮商的效用、內涵和技巧要領。

從一九七五年開始，我因為受邀在華藏圖書館講經及協助個案，而很自然地將隱喻技巧置入諮商轉導中，加以應用。這是受到佛教和禪學啟發弟子時，經常使用隱喻的影響。久之，我歸納出一些原理和原則，分別臚列如后，只要運用嫻熟，相信隱喻晤談將會成為教導和心理工作的有力輔導工具。

一 隱喻晤談

隱喻的小故事，
看似窄窄的窗口，
探頭看竟是全新視野。
鮮活的比喻，
彷彿閒話家常，
笑談中流露深刻啟發。
簡單的寓言，
恰如明燈一盞，
照朗心中的幽晦積鬱。

隱喻是一種啟發或溝通的方式，它透過類比推理，產生更多想像；透過隱喻的語言，表達深邃的感情、思想和價值判斷，並引起共鳴。隱喻的故事、寓言、詩歌和譬喻，能幫助我們了解事態，產生觀念的延展和再思，孕育創意和新的思維。

隱喻是童年以前常用的語言，孩子們對父母親說了許多比喻，諸如「母親的眼睛像星星」、「花兒像媽媽的臉龐」、「天邊飄著白色的棉花」。我們也很容易聽到情緒性的隱喻，例如「那個壞蛋是虎姑婆」等等。大人也很喜歡對孩子說隱喻的故事和寓言，讓孩子得到豐富的想像和類推，並學會使用隱喻的表達。因此，隱喻在人類的心理世界裡，具有以下幾個特質：

- 隱喻是人類語言發展的共同模式。
- 由於隱喻的延展性好，能促進更多想像和創意思考。
- 透過隱喻的啟發，容易產生聯想和內省，而表現出創意與同理。
- 隱喻對個人的啟發歷久彌新；隨著時空改變，常會產生新的啟發。
- 透過隱喻而帶動的省發，能發展出主動的行為和態度。

個體在生活中，隨機接受的隱喻越多，自我反省和啟發的能力也會跟著增加，因此我一向贊同多使用寓言、譬喻、童話故事等，只要不是暴力、恐怖和非理性的題材，對孩子的想像和啟發，都有一定的幫助。

隱喻有如一盞心燈，在晤談、教導、諮商與輔導中適時提出，能照亮心中的陰晦，看出人生的行路或生活的方向，容易引起共鳴，產生豐富的想像，策動個案的自我啟發。誠如現實治療理論學家葛拉塞（William Glasser）所說：「我們怎麼想，就會怎麼做；怎麼做，就會怎麼感受。」當自己有了新的、正確的想法時，就會去調適或改正不當的行為，而原來不適應的心情也會跟著改善。這正是我在諮商輔導時使用隱喻的主要原因。

諮商輔導的心理動力，建立在案主的主動性上。無論你花多少心血進行晤談，案主若缺乏改變自己的意願，困擾就不會消失。然而透過隱喻與參契，卻能引發個案的內省和聯想，產生改變自己的創意，使其人生有了新的轉機。這當然需要一點技巧，容後我們再說。

隱喻啟發的教育或輔導方法，似乎普遍存在每個民族的文化中，而大家最耳熟能詳的，就是《伊索寓言》。此外，在各宗教的經典裡，隱喻的寓言故事尤其多，不過在幾個大宗教之中，最早以結構性的隱喻作為心靈啟發的方式者，則首推佛陀。在早期佛教的經論中，就有兩部經使用隱喻法，其一是《百喻經》，另一是《法句譬喻經》。佛陀在這些經典中，活潑引用隱喻的技巧，啟發弟子的覺悟，從漸次業（逐漸建立正確的行為）、漸次學（分段學習和成長）到漸次行（一步步踏上有德行的境地）。這種心靈啟發法也影響後來的佛教教育方式，尤其是中國禪宗參公案，以及禪詩詠唱的啟發技巧。

我從小學佛，讀經受教時間長，對禪學亦多領會參修。多年來斟酌隱喻的技巧，在諮商輔導中，在時機恰當，案主的經驗背景與隱喻相契時，隨機權巧提出，常能產生很好的共鳴和內省，使當事人有所省發，從而調適其行為，消除心理上的失序或困擾，是諮商輔導的一項利器。

二 隱喻的效用

晤談之中，
隱喻一則，
能現百千種智。
說法布教，
方便譬喻，
慈悲喜捨呈現其中。
大悲佛陀，
善巧隱喻，
人天同受感動啟發。

最早有結構性、有技巧地應用隱喻晤談者，首推佛陀。根據記載，佛陀有一次在王舍城的鵲封竹園裡，接受四眾弟子詢問覺悟的要義，以及解脫煩惱的要領。大家都能心領神會，由衷地接受。就在此刻，佛陀對弟子做了許多譬喻，以便進一步引導大家省發，化為行動，發展悟性。

佛陀對弟子們所做的隱喻，都有豐富的涵義，且能把握住節骨眼，因此易於產生深度的啟發和感動，後來集結成《百喻經》。其實佛陀所做的比譬並非剛好一百則，但他的譬喻在契機應緣的當下，深遠地啟迪弟子，產生豐富的省發，帶來深度的反省和延伸思考，故以百喻稱之。本書中所引用的例子，大部分出自這部經典。

佛陀與弟子的晤談方式，有時是團體晤談，以交叉詢問，或各自說出修持心得，再由佛陀或大菩薩做回應；有時則是個別晤談，單獨與佛陀對話，接受啟發。無論是個別或團體，使用隱喻的機會很多，大家最耳熟能詳的，則如以「拈花微笑」來隱喻生命的實現，用「共命鳥」來比喻生命世界的共存共榮，以及互相依存的道理等。

而在個別晤談中，最有名的是對韋提希王后所做的心理晤談，因為她受到殘酷的人倫重創。國王被自己的兒子篡位，囚禁在牢房裡，而且兒子還準備活活地把他餓死。韋提希王后偷偷探監，送食物給國王吃，觸怒了篡位的兒子，擬將母親處以死刑，幸好得到大臣日月光的援救，才免她一死。韋提希面臨的是慘絕人寰的痛苦。她請求覲見佛陀，在晤談中，佛陀告以觀想阿彌陀佛極樂世界（這就是念佛法門），繫念清淨殊妙淨土，從而解脫煩惱和痛苦。這個晤談過程，後來集結成了《觀無量壽佛經》。

在團體晤談方面，使用隱喻技巧較多者，莫過於《首楞嚴經》。這是在室羅筏城祇桓精舍舉行，帶領二十五位菩薩，各自敘說開悟通達的心得，讓四眾弟子們一起分享。這次團體晤談中，大部分參與的菩薩在講述修行妙法時，都使用到隱喻，其中有些隱喻對焦慮和憂鬱的現代人來說，具有很大的啟發性。例如月光童子便談到修習水觀，觀想自身中清淨如水，清涼潔淨有如佛國，從而入於禪定自在。

當我們把身內觀想成春和景明、溫煦祥和的大地，又把血管血液觀想成潺潺清淨的溪水，流貫其中，身心自然安定清涼，產生法喜自在。在晤談中，透過這些隱喻，能讓個案產生安適和清淨的心境。

佛陀是一位善用隱喻的人生導師。他告訴大家，人生要懷抱菩薩的生活目標，才能過得充實幸福；沒有目標的人是茫然徬徨，痛苦失落的。他說了「白跑一趟」的隱喻：

從前有一位父親對兒子說：「明天你替我到市集購物。」兒子很高興地答應了。次日清晨，兒子沒問要買什麼，也沒帶錢，就出發到很遠的市集去。他逛了一整天，不知要買什麼，更沒有錢買東西吃，只好挨餓又疲倦地回家了。

佛陀這個隱喻，早就該講給那些天天無所事事的人聽，而那些不做事的宅男宅女們，在童年時就該有這樣的啟發。

佛陀的教化和晤談方式很多，有時採取論述演說，有時運用晤談分享；時而以身教示範，時而以紀律培養習慣；有時啟發，有時提示；有時直接教誡，有時比喻啟迪。佛陀是一位大導師，隱喻晤談亦源自於他。

三 象徵式語言

隱喻的故事，
能越過心理防衛的城垣，
以熱情的心力，
產生感動和啟發。
象徵的語言，
能跨過情結的藩籬，
在現實生活中，
理會出智慧的行動。

在教導或諮商過程中，容易讓人產生豐富自我提示的隱喻素材，大抵屬於象徵式的語言。無論寓言、故事、儀式、詩歌等等，其意涵非僅僅是表層的意思，而是隱喻所象徵的事例，能投射出更為豐富的涵義。因此我們稱隱喻為一種象徵式語言。

象徵式語言，不像平常生活中的敘述性語言，完全在描述現實經驗，傳遞時空和邏輯的真相。象徵式語言可以突破時空和邏輯的支配，在隱喻中，不同時空和範疇的事物，會活生生地一起出現。它們所遵循的是熱情和聯想，並與個人人格深邃的層面，產生應感和內省。

隱喻用以象徵心靈、視覺、聽覺和內心的感受，流露出內心經驗和意識情結。當隱喻在適當時機提出時，會在諮商者（或教導者）與個案之間，產生豐富的共鳴，有時會有深度的會心和感動，從而帶動學生或個案主動反省。這種現象，誠如心理學家弗洛姆（Eric Fromm）所說：「象徵語言的內容，有些是真理或最高的智慧，有些則是非理性和野蠻意識的反省。」

隱喻所使用的象徵式語言，大抵可分成三類，即慣例性的隱喻、偶發性的隱喻和普遍性的隱喻。

- 慣例性的隱喻，包括圖騰、標誌、傳承久遠的故事。幾乎每個民族都有這些隱喻，以傳述他們的文化和真理，而每個宗教也都有他們的傳述和典故。
- 偶發性的隱喻，包括寓言、故事或特例事件的隱喻，可用來與個案類似的經驗相共鳴，並有所領悟。
- 普遍性的隱喻，包括真理、覺悟寓言和事蹟，它超越文化與族群的界線，是人性共有的愛與智慧。例如有許多詩篇便是跨越種族的，人人都能從中受到感動和啟發。

隱喻透過它的象徵式語言，把最具啟發性的「靈光」，傳遞到學生或個案的心理世界，經過發酵，萃取精華，成為個人反躬自省的精神資糧。

佛陀在傳承禪的真諦時，用了「拈花微笑」來做隱喻。他在靈山法會上，面對四眾弟子布教說法，竟不說一字，只是手拈著一朵花，站在大眾面前，以喜悅的表情和肢體語言，對大家示現美好的微笑。他對著眾人微笑，也對著手中的花朵微笑。這樣優雅的舉動，已經把生命的真理給說盡了。這時，只有大迦葉對佛陀報以會心的微笑，而廣大的弟子們，卻面面相覷，不知道佛陀所說的真理為何。佛陀於是為大家做了個旁白：

吾有正法眼藏，
涅槃妙心，
實相無相，
微妙法門。
不立文字，
教外別傳，
付囑摩訶迦葉。

這段話的意思是：我有智慧的寶藏，它即是沒有染執、沒有成見和偏見的清淨妙心。它超越有形的色相世界，一方面微妙地用在當下的生活，一方面契會宇宙本體的存在。它不是用文字來知解所能傳述的，超然物外於一般色欲範疇的教化，只有在清淨沒有情染時，才能解脫煩惱和無明，參契到宇宙光明的實存。現在把這個教導方法傳遞給摩訶迦葉，你要護持傳承下去。

你如果稍有警覺，就會問道：「佛陀為什麼要拈花示眾？」其實在這個場景中，佛用花來象徵生命，用微笑來象徵法喜。簡單的說，生命的意義就是要活出法喜，活出微笑，活得豐足自在。它的妙法就是淨化心中的情結、執著、偏見和成見，用清醒潔淨的智慧去面對人生，承擔責任，做一位實現生命之愛，又看出永恆的慧命，參契歸宿不可思議的光明精神世界。

在教導和諮商的過程中，找對時機，契合學生或個案的心理狀況，巧妙地提出一個隱喻，常會產生豁然開朗、如飲醐醍的微妙啟發。有時，為了加強隱喻和象徵的效果，還可以引導他們畫一幅象徵性的畫作，或給他們一個小紀念品帶在身邊，以便持續引起他們的反省和思考。而對於善於自我啟發的人來說，活潑的隱喻式寓言、詩篇及故事，更是進德修業、涵治性靈的好素材，常有事半功倍的效果。

四 禪機妙喻

禪門善巧，
只稍一點隱喻，
即現春風化雨，
令大地富庶。
因緣際會，
只須一則公案，
便能重啟心燈，
照破一切無明。

禪的宗旨在於見性，這是要一個人從定慧等持中，生活得清醒自在，有慈悲，有智慧，去實現豐富的人生，並參契永恆的慧命。見性不是看到，而是表露或實現光明的本性。

禪者教導弟子，要懂得一行三昧，用專注沒有情染的心生活，以實現人生。這不但能免除煩惱和痛苦，更能實現生命的豐足和喜悅。為了破除心中的煩惱、執著和種種心結，禪者經常使用隱喻啟發法，來引導弟子開悟，透過一連串的小悟來建立信心、信仰和漸修的行動；透過漸修引發更豐富的頓悟，而打開般若自性中的光輝。誠如唐朝的神會和尚所說：「修行頓中漸，悟法漸中頓。」修行是要在不斷的開悟中，才得以順利進行；見性卻要靠長期的漸修，才能大徹大悟。因此，開悟的課題，無論是小悟或大悟，都是平常就要修持的。

唐朝的馬祖道一年輕時，到南嶽懷讓禪師那裡學禪。他每天用功地坐禪，於是懷讓問他：

「你坐禪是為了什麼？」馬祖說：

「為了成佛。」

不久懷讓便在馬祖坐禪的庵前磨磚。馬祖不禁好奇地問：
「請問你磨磚做什麼？」懷讓說：
「磨磚做鏡子呀！」馬祖詫異地說：
「磚怎麼能磨成鏡呢？」懷讓說：
「磨磚不能成鏡，那你坐禪又怎能成佛呢？」馬祖於是請教道：
「那要怎樣才能成佛？」懷讓說：
「禪不在坐臥，佛沒有一定性狀。如果執著於坐相，永遠見不到大道。」馬祖問道：
「道既沒有形相，怎麼能見呢？」懷讓說：
「用你的內在法眼見道。」馬祖猛然有了醒悟。
這個磨磚做鏡的公案，表現了活潑的隱喻，加上巧妙的對話，馬祖就開悟了。
馬祖也很擅長於隱喻啟發的技巧。馬祖曾以牧牛為隱喻，教弟子石鞏調伏無明煩惱。有一次馬祖問石鞏：
「你在做什麼？」曰：

「牧牛。」馬祖問：

「怎麼牧牛？」石鞏說：

「當牠犯了禾苗時，我便把牠拉回來。」這樣的回答，贏得了馬祖的稱讚。這些隱喻指導人們要保持紀律、培養自律。雖是小悟，但畢竟是修持中很重要的一環。

藥山禪師與弟子道吾和雲嚴，隨機隱喻對話。他指著榮枯兩棵樹問道：

「眼前那兩棵樹，是枯的對，抑或榮的對？」道吾說：

「榮的對。」藥山說：

「灼然一切處，光明燦爛去。」雲嚴說：

「枯的對。」藥山說：

「灼然一切處，敢教枯澹去。」

我們現在看這則公案，很容易從榮枯之中，看到榮者從他榮，枯者從他枯，重在保持灼然光明的超越態度。這不正是很活潑的啟發嗎？他正告訴我們，無論順逆、貴賤、得失，都要以光明的自性去觀照和看待。

禪者也善於用很簡單的事物，去隱喻生命的大道理。唐朝的溈山靈祐是百丈懷海的弟子。有一天，百丈要溈山去撥撥爐子裡是否還有火。溈山撥了一下，看不到火苗，百丈親自深深一撥，竟然撥出一點火種，便指給溈山看，並對他說：「這不是火嗎？」這時溈山產生了徹悟。這一點火種，正為佛法所說的光明自性，它被塵勞無明覆蓋，現在深深一撥，塵盡光生，照破山河萬朵。

禪者善於隱喻啟發，他們不拘泥於形式，隨機用日常生活中的事物，妙喻比譬，啟發心靈，宏展開朗的心胸和智慧。我相信作為一位諮商者，也要有這種素養，才能對個案有正面的幫助。

五

公案與隱喻

公案裡隱藏著，
跨越個人經驗的智慧；
譬喻裡蘊涵著，
事理通徹的奇葩。
用心領會吧！
你的心靈將受滋潤；
多多咀嚼吧！
你的心境會自在高遠。

在禪修的功課中，為了解脫個人的無明和結繫，清除煩惱和不安的情結，進而發展穎悟的覺性和智慧，好在生活和工作中實現光明的法喜，禪師們會特別摘取古德的行儀、對話和開悟經驗，好作為反覆參契的素材。由於這些精神生活的資糧，已經成為人類心靈生活所共有的啟發資料，故稱為公案。

禪門非常重視自修，這相當於自助式諮商。他們從聞經、讀經、思索、工作和清修中，不斷咀嚼歷練，並借用公案中的隱喻，引發內在的靈性和開悟。我自己在禪的參學上，亦採取這種方式，得到許多領會，在生活或工作上碰到挑戰紛繁時，總能從困局中領悟出全新的態度，把工作做好。

因此，我嘗試把參公案應用在諮商上，只要情境相契，效果亦令人滿意。一位因為金融風暴而損失慘重的中年人，面臨失業與家產虧損殆盡的雙重壓力，因而沮喪地呆坐在眼前。他敘說自己悽慘的遭遇，悲傷地說：「我怎麼走下去？」

這時我為他說了「看腳下」的公案。宋朝的禪宗高僧佛果，後來成為國師，對穩定時局有很大的貢獻。他年輕時跟隨法演禪師學習。有一次，他和幾位同門師兄弟，跟著法演在夜黑風高中行腳。突然刮起一陣旋風，把燈籠吹熄。師徒在曠野中，行路崎嶇，寸步難行。法演問他們：

「漆黑一片，現在怎麼辦？」

「回去市集過夜，明天再前行。」一位弟子說。

「我回去點燈籠再回來接大家往前進。」另一位說。

「回市集太遠，不如就地歇著，天亮再走。」又一位說。

這時法演問佛果說：

「你的意見如何？」佛果答說：

「看腳下，步步踏實的走。」

這句話贏得法演大師的讚賞。人總要步步踏實往前走，仔細看著前路，不怕慢，只怕站；不怕走不出路來，只怕在心理上有了退卻。

這位中年男子從這個公案隱喻中，立刻有了醒悟。他點點頭說：「過去的順利榮景，有如過眼雲煙。現在要面對的財務困窘和艱難，則像是夜黑風高的現實。我必須步步踏實走過它。還好我不致無路可走，只是艱苦一點就是了。」於是我們有了如下對話：

「你最艱苦的是什麼？」

「無法對母親啟齒，說明她老人家的退休金正在泡湯之中。」

「你還能撐著過活嗎？」

「勉強過得下去。」

「那就步步踏實的走過崎嶇。其實這段日子也不會白過。佛家所謂『功不唐捐』，你將從中得到經營的智慧，以及克服困難後的人生光彩。至於如何稟告令堂，慢慢找機會再告訴她吧。或許她也有所知悉，已有心理準備才對。」

他離開晤談室時，看起來精神壓力緩和了許多。要跨出門時，還回頭向我行禮說：「我會記得看腳下的功夫。」

公案可以拿來當借鏡思考，產生隱喻和啟發，而佛陀所說的《百喻經》，就是很好的隱喻素材。我處理過一件臨終關懷的個案，當事人是一位女士，正面臨癌症末期及死亡的恐懼和徬徨。她說：

「我不想死，也懼怕死亡的陌生和一無所知。你能告訴我死後會怎樣？」於是我引用了唐朝高僧雲門文偃的譬喻。有一次有人問雲門說：

「樹凋葉落時怎麼辦？」他回答說：

「體露金風。」

這句話有雙重意思，其一是秋冬之際，葉落樹凋，萬里無雲的晴朗。其二是精神層面，面對純淨無染的法身，回歸到美好法喜的本體世界。我接著說：

「人生如旅，旅行結束就該回家。現在你的家人和朋友，正像同團同車的伙伴。在美好的旅行之後，畢竟要獨個兒回家。」她問：

「家在哪裡？」

「阿彌陀佛的極樂世界。妳要好好念佛，嚮往那裡。」

從事教導或諮商工作，如果能善用隱喻技巧，常會對當事人帶來新的認知，打開另一個看待問題的視野，拋棄固有的成見和處事態度，進而開展全新的生命意義。因此，諮商者平時便要累積豐富的公案、譬喻、寓言等素材，在必要時靈活運用，發揮啟發的效果。

六 詩歌詠唱

梵唄歌詠，
直滲肺腑，
動容生命，
孕育自在新生。
詩偈詠唱，
開啟性靈，
陽光普照，
締造亮麗人生。

詩歌的隱喻效果，具有活潑的滲透性。透過歌詠中的意境，以及韻律的感動，能使悲者泣、樂者淨。多年前，我曾經在佛光山的大雄寶殿前，與數百人合唱〈三寶歌〉，在歌詠中我完全被感動淨化，因而落下淚來。這不是悲傷，而是一次美好的心靈洗濯。

現在每週五我在台北華藏講堂講經，下堂時大家便一齊合唱〈三寶歌〉，我注意到每次都有人感動含淚。有人問我這是什麼緣故？我告訴他們，那是在虔心詠唱時，產生滌淨的自然現象。即使沒有含淚的人，其心靈世界也都有著覺悟和感動。這首〈三寶歌〉是高僧太虛寫的詞，弘一大師作的曲。它的第一段是這樣的：

人天長夜，宇宙黮闇，誰啟以光明？
三界火宅，眾苦煎迫，誰濟以安寧？
大悲大智大雄力，南無佛陀耶！
照朗萬有，衽席群生，功德莫能名。
今乃知，唯此是，真正皈依處。

盡形壽，獻身命，信受勤奉行。

隨著音樂，歌聲繚繞在心靈腦際，產生感動，發展成淨化和啟迪。特別是生活在三界火宅，受眾苦煎迫的現代人，總會有些感觸。而從歌曲的隱喻中，我們得到心靈的依恃，找到了光明的道路，這是何等感動和法喜的事啊！

歌唱可以滌除情緒的障礙，詞彙意境可以解除想不開的心結。我常常在諮商時，建議身陷痛苦和悲傷的案主每天歌詠，鼓勵他們在洗澡時，透過熱水的浸泡或淋浴，讓身體溫暖舒暢，帶來水療的效果，並吟唱過去年輕、快樂和健康時所喜歡唱的歌，把儲存在記憶中的歌詠喜樂，喚回意識層面，這能在情緒中樞的記憶庫裡，調出喜樂和輕鬆的情緒，滌除精神上的壓力，獲得較好的身心調和，安定眼前所碰到的困苦。

這些歌詠，包括基督教或天主教的聖詩聖歌，都具有很好的效果。我喜歡聽唱聖詩，如同我喜歡聽佛樂梵唄一樣。

在諮商過程中，配合案主的心情際遇，自然地吟一首詩，特別是禪詩，所產生的隱喻啟發，效果通常非常顯著。一位中年人因為婚外情的糾葛，陷入嚴重的困擾。這位先生是過度責任感的人，以致在感情中「剪不斷，理還亂」。他陷入進退維谷的猶豫和無助，以致出現憂鬱症候。他雖然知道這樣繼續下去會破壞兩個家庭，但他多情猶豫，因而造成困擾和痛苦。我沒有直接告訴他該怎麼做，卻很自然地詠了一首禪詩：

千尺絲綸直下垂，
一波才動萬波隨；
夜靜水寒魚不食，
滿船空載月明歸。

這是唐朝德誠禪師的作品。我特別為他解釋，魚兒只要吃上餌，一波才動，一波波的滾動和牽累就會跟著來。「你好好去參契這首禪詩，就能發展正確的想法和行動。」他要求我把詩寫給他，我卻要他拿筆自己一字一字寫下來。最後，他若有所悟地告訴我：

「一波才動萬波隨，我早該有所警覺才對。」我告訴他說：

「你要常常讀這首詩才好！」他答道：

「我要寫在案頭上，時時都讀它。我知道該怎麼做了。」

詩的隱喻效果，如能恰到好處的提出，對當事人很容易產生省發。而真正的技巧，在於切中案情，適時提出，以及提出時的懇切態度。

有一位女士，她既要掌管事業，負起成敗的責任，又要討好家庭裡的長輩和兄弟妯娌，期待人人都說她好，這樣處在家庭和事業之間，結果壓力過大，影響情緒健康。有一次，她傾訴了許多無奈，哭泣著說：

「我實在撐不下去了！」我說：

「何不甩掉一些不重要的紛繁？」

「怎麼能甩掉呢？」我引用唐朝洞山禪師的詩說：

洗淨濃妝為阿誰，

子規聲裡勸人歸；
百花落盡啼無盡，
更向亂峰深處啼。

她聽了即刻把它記下來，睜大眼睛對我說：「我該洗滌看人臉色的惡習，要用理性去看待事物，面對一切，應該這樣吧！」她把詩摺好，放在手提包裡，神情有了新的自在。

歌詠和詩篇，對人類心靈提供了豐富的養料，容易引發感動，有畫龍點睛的功效。因此在諮商時若能予以活用，對於個案或教導的學生來說，要比直接說教更容易讓他們看到問題的根源，引發主動聯想和思考，產生積極改變的動力，所以諮商的效果常是顯而易見、事半功倍的。

七

隱喻的要領

契機應緣的隱喻，
能引發共鳴，
產生類化啟發。
把握時機提出，
能銜接認知，
喚起內省之心。
把握延伸意涵，
善加參契，
必有更多心得。

在教導和諮商的過程中，首先要克服的是心理防衛的問題。個案一旦起了防衛心，若想要引導他，或告訴他正確的作法和行動，都會遭受排斥。正因如此，指導性的談話，往往對行為偏差或心理失調的個案，很難發生作用，於是才有非指導性的諮商晤談產生。透過同理，建立信任和情感交流，解除防衛機制，讓個案產生主動性，對自己的現實進行思考和反省，才有可能做出新的抉擇和行為，改變眼前的障礙，或排除心理困擾。

我們越想主導學生或個案，讓他往我們所期望的方向走，就越會做出諸多指示和建議，結果不是陽奉陰違，就是不理不睬。所以不論是教導或諮商，都必須設法引發個案的主動性，重新點燃他的活力，引導其學習和反省，才能見其正面的效果。

在諮商過程中，適當使用隱喻，可以避免反抗，又可以從寓言、公案、故事、詩歌、譬喻之中，汲取個中智慧，透過感動和共鳴，化為反省和啟發。隱喻在諮商上的靈活應用，不但可以避免說教和僵化，又可以帶來觸類旁通的延展性思考，為心靈挹注新的資糧，孕育內省的動力。一般而言，隱喻具有以下效果：

- 減少防衛性，增加借鏡思考的主動性；

- 具有提示性效果，而無說教和告誡的缺點；
- 容易引發類比的認知和創造性思考；
- 容易與文化、生活經驗結合，帶來更多領悟。

我常隨機使用隱喻，來補充諮商和輔導上的缺口，發現非指導式的方法固然有其優點，但個案如果缺乏起碼的生活智慧和教化，很難借力使力，讓個案產生新的認知，發展理性情感，甚至沒有足夠砥勵其負起責任、改變自己行為的基模。於是，我開始運用許多隱喻，並在《參禪・改造心情》（遠流出版）一書中，以禪詩當作引媒，啟發個案的創意和反省。

在諮商輔導中，除了嫻熟專業的技巧之外，在應用隱喻方式時，應特別注意以下幾點：

- 契機應緣：要契合個案的困擾、心境和動機，所做的隱喻能引起同理和類化，諮商才能見成效。
- 把握時機：晤談從傾聽、淨化到認知困擾癥結的過程中，若能適時提出隱喻，最能策動共鳴和省發。

- 加強提示：為加強隱喻的提示效果，可以引導個案筆記下來，或用紀念品、畫作、飾物、圖像，提示自己的醒悟和決定。
- 了解與追蹤：在交談中對隱喻進行解釋和引申，供個案思索，產生醒悟，並應追蹤其執行、改變的效果。

為了做到契機應緣，便要同時考慮到個案的宗教信仰和文化傳統，並可從通俗的文學、電影、電視等材料中，選取隱喻素材。隱喻越能切入生活經驗和文化背景，越能起作用。對有宗教信仰的人，與其信仰有關的隱喻，尤其能引發認知和反省，帶來全新的視野。但隱喻不能使用怪力亂神，不可以迷信，必須是正知正見才行，因為怪力亂神的隱喻不但會帶來焦慮和妄想，對個案有害無益，甚至還會造成病情加重。

其次，要把握個案在認知問題上的癥結，或者雖然已有認知，卻缺乏行動力時，透過隱喻，適時產生引導效果，對所面臨的問題產生同化（assimilation）和順化（accommodation）的作用。前者是吸收了隱喻的內容，成為新的基模；後者是透過新的基模，產生新的認知。

最後是教導者或諮商者，需與個案討論隱喻的公案、詩歌、寓言之意涵，讓個案充分了解與延伸。必要時，可透過筆記來加強印象，或者給他一個相關的紀念品，讓當事人帶在身上，時時參契、回味和自我提醒。有時候，我會送給個案一條腕珠，讓他看著它，就想著今天隱喻的內涵和執行的決心，並在下一次晤談時，檢視行動的結果。

隱喻在諮商與教導中的重要意義，是借鏡思考、產生創意和省發。此外，對於生活教育不足的個案，透過隱喻，也較能增進類化思考的基模。因此，諮商員或教導者在使用隱喻技巧時，必須要活潑、有創意。更重要的是，平時就要多閱讀歷史、宗教、文學、寓言等豐富素材。如此，才能信手拈來，對個案和學生產生啟發。

在諮商和教導中有效的應用隱喻，常能帶來意想不到的效果。我不但將它運用在晤談上，更將它應用在一場又一場的演講中，很能引發共鳴和迴響。

貳

涵養生活態度

人活著，就需要有正確的目標。心理生活是有目的性的，一天沒有目標，一天就振作不起來，這時會產生空虛和無聊，甚至萌生挫折感和不安的心情。如果再找不到有意義的事情做，可能會去做些傻事，甚至是壞事，生活的態度便會扭曲。

生活有目標，心情就穩定，心力自然專注。這能發揮心智功能，解決問題，而得到滿足感和喜樂，所以佛陀把它叫做「欲如意足」。

觀察學校裡的青少年，有些人懂得為學習、遊戲、運動等安排目標，他們知道自己要做什麼，所以內心穩定，精進快樂。有些人則遊手好閒，無所事事，只好結伴胡鬧，甚至做出違法的事情來。這正如意義治療大師弗蘭克（Viktor Frankl）所謂的「存在空虛」，及其衍生出來的神經質。

人不只是每天需要「有意義的目標」，人生的每個階段，都需要有結構性的目標和意義，這是在生活和成長中不斷重構出來的。如果這個意義建構不起來，生涯就會變得不穩定，有較多的心理困擾和內在衝突。弗蘭克就揭示了一個生命的真理：「參透為何，才能迎接任何。」知道為何而活的人，擁抱著希望，人生也有明確的方向，讓他們願意、也情願去創造人生，忍受艱困，去實現生命中的光采和喜樂。

觀察一般人的表現，有些人兢兢業業，活得有朝氣、有毅力，津津有味的工作和生活。但有些人則出現「存在的空虛」，只好尋找麻醉和享樂來填補，甚至鋌而走險，作奸犯科，只為了麻醉自己，這就是缺乏人生目標所致。

因此，每個人都該追求生命的意義，都要有每天和階段性的目標才行。然而，重點並不在於一般生命意義的了解，而是要在自己的生活現實中，找到或發現屬於自己的人生意義和目標，積極建構自我人生的方向；否則，就會頹廢消沉，甚至墮落死亡。

不過，無論是諮商或教導的本質，都不是在告訴當事人他該做些什麼，或者什麼事是有意義的，而是在晤談中，引發當事人在其生活現實中，找到或發現適合自己的生命意義，從而建立健康的人生態度。依弗蘭克的說法，其途徑有三：第一，藉著創造和工作；第二，透過體認價值；第三，藉著忍受痛苦和承擔。

每個人的人生意義和目標，都必須由他自個兒去發現和完成，而隱喻晤談則是引發個人反省、領悟意義和目標的最好方法。以下提供多則隱喻，說明個中意涵。

一

殺了領路人

人生如旅，
要有嚮導，
才能飽覽風光，
遊歷錦繡山河。
人生如戲，
要有導演，
斯能演出精采，
得到無上福報。

每個人的人生都不一樣，稟賦不同，遭遇造化各異，因此各自在崎嶇的生涯路上，面對種種挫折，接受各種挑戰，更要經得起岔路的引誘。所以，每個人都需要嚮導，它就是正確的信仰。

我們從信仰中獲得生命的意義，發展正確的態度和品格。更重要的是，信仰能讓不安的心有所依託，面對困境和失意時能有前進的力量，對於漂泊的人生知所歸宿。杜克大學學者克伊尼格（Harold Koenig）指出：「當我詢問病人，是什麼幫助他們面對疾病時，我非常驚訝的發現，大多數人都提到宗教，並從疾病中尋找到人生的意義。」

有更多的研究者，如帕格曼（Kenneth Pargament）等人則指出：「宗教信仰提供了一套生活模式，讓我們理解人生，並透過認知，形成調適種種挑戰的智慧和品德。」我個人也深知，透過宗教信仰、讀經和修持，透過行善、禱告和祈願，能讓我們的人生道路彷彿有了嚮導一樣，對我們的心靈世界起了啟發和安慰的作用。

正信的宗教信仰，必須是能啟發生活智慧，提升精神生活，指引品格開展，從而發展生活調適力和美德的宗教。這樣的宗教，史學家湯恩比（Arnold Toynbee）稱它為「高級宗教」。有了這樣的信仰，在人生路上就有了領路人。

宗教信仰重在參與，邁阿密大學的心理學家馬克隆（Michael McCullough）綜合研究十二萬五千名受試者，發現宗教參與率高的人，其死亡率比參與率低的人少了百分之三十；高血壓機率少了百分之四十；他們的情緒狀況較穩定，免疫系統功能較強；抽煙、酗酒及吸毒的機率亦較低。

因此，我們需要高級宗教，來作為人生的嚮導；脫離它，放棄它，我們便會失去人生的方向而迷航。佛陀說過一個故事：

從前有一批商人，要到遠方做生意，必須經過沙漠，也要遠渡重洋，於是請來一位熟悉路途的嚮導。有一天，他們來到曠野途中，依照當地迷信的風俗，必須殺一個人來祭祀，才能保平安。這批商人都是自己人，商量的結果，決定把嚮導給殺了當祭品。結果，這批商人因為失去嚮導而前路茫茫，後退無路，最後困死在曠野裡。

佛陀用這個故事，來隱喻正信宗教信仰、生命的意義或人生目標的重要。

現代人生活在汲汲營營的社會裡，每天都在追求成長和績效，競爭更是激烈，像這樣活在貪多務得的風氣下，暴露在多元紛歧的衝突中，如果沒有正信的信仰，很容易便會迷失方向而陷於困境。因此，正信的宗教信仰可以說是人類精神上的嚮導，人生有祂的指引，就比較能過得平安、喜樂和健康，也較能體會生命的意義，發展自我潛能，克服種種困難和挫折。

二　兩鬼爭物

多說戲言，
不如直截行持；
勤於布施，
必得福報綿長。
實踐紀律，
一切順心發達；
定心自在，
健康歡喜無窮。

人要活得幸福，就得重視精神生活的修鍊，而最起碼的修鍊，就是布施、禪定和戒律。所有生產事業能經營得好，首先是由布施得來。一切產業的發展，都建立在布施上。肯提供好的產品，讓消費者信賴、喜歡它，市場自然熱絡；願意提供好的服務，處處受到歡迎，生意自然興隆，事業便能得到發展。

第二個修鍊就是禪定。它能讓你安定心志，有清醒的覺察和智慧，發展創意，做出正確的決定。懂得修鍊禪定的人，比較不會陷入焦慮、憂愁和憤怒等負面情緒，有益身心健康，對生活品質和工作效率的提升，都有實質的幫助。

第三是戒律的修持。這包括個人的生活規律、工作時的習慣、組織制度和法律等規範。人有好的生活和工作習慣，就能自由揮灑；組織有健全的制度，管理營運效率就會提高，發展的自由度也較為寬廣。

佛陀把這三種修鍊，比喻成三種瑰寶。布施就像寶箱，裡頭有許多財富和發展機會；禪定有如錫杖，能生智慧和創意，握著它凡事都有辦法；戒律就像鞋子，每天穿著它，就能遠行，處處順利成功。

這三樣至寶重在實踐，而不是光說不做，或者只出一張嘴，批評、抨擊別人的不足。佛陀做了個比喻說：

從前有兩個貪婪鬼，共同找到一隻寶箱、一根錫杖和一雙鞋子，卻各自想全部占有而爭執起來，相持不下。有一個好心人問他們何故爭執不休，兩鬼說出珍寶的妙用：「這隻寶箱能變出食物、衣服、棉被以及一切所需資財。這根錫杖握在手裡，大家心服，人緣更好。這雙鞋子穿在腳上，就能自由旅行，要到哪裡，瞬間可及。」這個人對兩鬼說：「我替你們排難解紛，公平分配好了。」於是兩鬼各自讓開，這時他試著抱起寶箱，拿著錫杖，穿上鞋子，結果竟騰空而去。兩鬼只能失望地呆立原地。

這個比喻相當生動。讀者請不要誤會，以為這個人搶走了兩鬼的東西，而是只要你肯修持布施、禪定和戒律，就能使生活富裕，人生幸福，心靈得到自由和快樂。

現代人生活在這自由開放、多元價值的社會，想追求富裕和幸福並不是一件錯事，但有些人卻只想占有，不懂得付出，容易受到引誘而迷失，缺乏勤奮和奉獻的精神，這很容易便會誤入歧途。有些人在成長過程中受到比較多的照顧，養成懶散和享受的習氣，服務熱忱不足，挫折容忍度低，這就會喪失創造、奉獻和服務布施的機會。

此外，有些人則過度重視自己的想法，不介意別人怎麼說、怎麼看，只管做自己想做的事，「只要我喜歡，有什麼不可以」。這在發展興趣上是對的，但一旦過了頭，就會造成我行我素的態度，使生活紀律鬆弛，以致振作不起來，最後陷入頹廢或墮落的深淵。

在現代這個多欲多引誘的社會，我相信透過布施，能發展出熱忱的服務精神；透過禪定，則可修持自我，安定心志，激發創意；透過紀律，則能維護心靈的自由。以上三者是當今精神修鍊的核心課題，也是精神生活的瑰寶。

三

溺死一船人

不會說會，
屆時手忙腳亂；
不知說知，
畢竟茫然落空。
實事求是者成，
虛張聲勢者敗；
唯獨腳踏實地，
方登成功之途。

人應該面對真實，才能回應現實的挑戰。企業經營也一樣，要面對市場和消費行為的變化，以及產品品質的改進等等競爭。政府決策更是如此，如果不能面對現實，解決問題，國家的發展就會停滯落伍。

在現在這個自由開放、資訊發達的社會裡，我們不免會接收到許多似是而非的資訊，如果不弄清楚，貿然跟進，無論在健康、理財或工作決策上，都很容易出狀況。特別是每逢選舉時，許多扭曲、抹黑和狡辯，會蓋過真實，蒙蔽我們的雙眼，而讓人做出錯誤的抉擇。

因此，人在接受資訊時，要冷靜的想一想，面對真實做回應，才會踏實成功，不可以用想當然耳的態度，囫圇吞棗，最後吃虧的還是自己，有時還會帶來嚴重的後果。佛陀在《百喻經》中說了個故事：

一位年輕人自認讀了很多航海和駕船的書，因此信心滿滿的約朋友一同出海採珍寶。他說：「我熟稔海中狀況，知道如何掌舵，如何閃躲暗礁，如何掌握風帆和海流。」實際上他對海象並不清楚，也沒有經驗。結果出海之後，船隻卻被海流捲撞礁石，船毀沉沒，一行人都罹難了。

這則故事指出，道理和現實是一體的，所謂「理事圓融」就是這個意思。

我的老友陳教授，曾說過一個生動有趣的故事：多年前他曾到第三世界，協助農業發展，並推動節育計畫。解說員把鄉村婦女召集起來宣導，告訴她們避孕的方法，而其中最簡單的，就是使用保險套。解說員一邊解說，一邊把保險套套在食指上示範。一年之後，又巡迴到原來的村莊，發現懷孕率不減反增，於是仔細追問她們是怎麼做避孕的。她們很困惑地豎起食指說：「我們依照你的指導，把保險套套在指頭上，但無論套左手或右手，都還是懷孕了。」也許你會把這事解釋為一場誤會，實際上是沒有說清楚、問明白所致。

有嚴重焦慮反應的人，他們在遇到難題時，經常不去釐清真相、了解事實狀況，只是一味往負面的方向想，因此常被緊張、懼怕和擔憂折磨得睡不好，生活在惶惶不安的情緒中。所以，要消除焦慮不安的方法之一，就是徹底弄清事實真相，知道來龍去脈，就不致陷入困擾的漩渦。

有一對夫妻一起看電視，先生忽然去拿螺絲起子，調整電視機的顏色。太太問他怎麼回事，先生說：「你不是說太紅了嗎？」太太說：「我是說那位名模太紅了！」兩人莞爾一笑。

當知，人世間的誤會、衝突、意外和災禍，大部分都是因為沒把事情弄清楚，就急就章的去行動，或想當然耳所造成的。因此，人應該探究真實，不可人云亦云，方能有顆清明的心洞察真相。

四 五人使喚一奴

貪欲多者，
必生鬼家活計；
疑心重者，
畢竟紛繁非常。
唯有保持恬淡，
始能務實快樂；
自願生活素樸，
才能寧靜致遠。

一般人常說，「人天生會愛護自己，都會為自己的好處著想」。乍聽之下，好像每個人都懂得自愛，知道善待自己。實際上，懂得善待自己的人並不多，大部分的人都被無盡的欲望和貪婪所困，把自己折磨得心力疲竭。

現代人普遍不快樂的原因之一，是欲望太多，需索無度，永遠得不到滿足感，因而產生匱乏和無奈。人們的共同心結有二：其一是怕失去保障，所以產生焦慮不安的情緒；其二是長期得不到滿足，因此有沮喪的表現。這兩種心結，加上資本主義的褊狹觀念，讓人一意執著於追求效率和成長，因此而精疲力竭，以致造成各類焦慮和憂鬱的心理症狀。

我實際接觸各行各業的上班族，聽到他們慨嘆忙碌和超時工作，並由於過度操勞，缺乏休閒和運動，導致身心健康受到傷害，各類心身症已有逐漸增加的趨勢。另一方面，由於大家都忙於工作，普遍沒有時間養兒育女，無心照顧家庭，以致家庭功能大受影響，父母親無法與下一代建立親密的親子關係。

許多研究指出，青少年以前，得到父母較多溫暖的孩子，成年以後的身心健康情形，比受到冷落的孩子要好得多。例如，在青少年前感受不到父母照顧的人，比感受到溫暖者，在中年以前，罹患心臟病、潰瘍、酒精中毒、高血壓和氣喘等慢性病的，要高出三、四倍。

因此，人一定要善待自己，珍惜寶貴的人生。這並非意味著人可以偷懶，更不是否定精進勤奮，而是要懂得保持生活平衡，不要累壞了自己。每個人的心力有限，欲望無窮，如果不懂得取捨安排，便會迷失在紛繁的情緒中，一籌莫展，既覺得壓力很大，又覺得無法突破僵局而無奈。

生活的欲望和目標，必須做些割捨，好讓心智敏銳，能為自己效勞。佛陀講了個故事：

有五個人共同出錢雇了一位僕人。甲要他洗衣服，其他四個人也同時要他洗衣服。奴僕心想：「我只能洗完一件，再洗另一件。」於是先拿了甲的衣服來洗。這時乙發脾氣說：「我同樣出錢雇你，為什麼先洗甲的衣服，而不先洗我的衣服呢？」於是打了奴僕十鞭。奴僕只好先洗乙的衣服。這時，其他四個人也都因為同樣的理由而發脾氣，各打了奴僕十鞭。結果奴僕只有挨打受苦，什麼事都沒辦法做。

佛陀指出，我們人生是由五蘊和合而成的，有色、受、想、行、識五個大類的基本需要，這些需要是由我們的心智或覺性來負責處理。它就像奴僕一樣，一直為五種生活需要而效勞。如果需索無度，各種需要競相催逼，就會造成挫折，打擊信心，情緒因而低落。於是心智跟著萎縮，到頭來，什麼事也做不成。那時不但活得不快樂，連健康都會不保。

所以我們要善待自己，避免過多的欲望，和心急如焚的追逐。欲望是要有的，但要有實現的順序；工作是應該的，卻不可不安排取捨。長期生活在貪婪追逐中，無異是折磨自己，也提早斷送了美好的前程。

五 一捧水多

手裡的一捧水，
你能把握應用，
比搆不到的海水，
要多要來得實用。
珍惜手裡的資糧吧！
它可以生產滋長，
把握當下所有，
必能創造榮景。

人若想活得成功幸福，就得培養面對真實的態度。我們一旦偏離真實，就會誤判情境，造成挫敗；回應失準，便有可能導致嚴重的損失。人之所以無法有效面對真實，最主要的原因是貪婪。

人如果被貪婪沖昏了頭，就會進退失據，造成身敗名裂。佛陀曾比喻：

有兩個商人，一個販賣黃金，另一個販賣棉花，在同一個市場做生意。有一天，有人向賣黃金的商人買金子。為了辨別純度，並融鑄一個新的飾物，就把好幾個小金塊放在火裡熔解。這時，賣棉花的商人趁大家不注意，就偷了一塊燒得紅通通的金子，由於怕別人看到，因此連忙把金子塞進棉花堆裡。沒料到火紅的金子立刻把棉花點燃。結果，貪婪偷竊的行為，昭然若揭。他不但把自己所有的棉花燒個精光，同時也吃上官司。

雖然說人要有欲望才會努力上進，但欲望如果太多，化作貪婪，生活就會失真，產生煩惱和錯誤。貪婪的人往往無法以合情、合理、合法的途徑來滿足自己的欲望，於是作奸犯科。此外，放縱自己的欲望，不斷提高抱負水平，也會造成工作狂，導致生活品質低劣。如果經過長期努力，仍無法滿足過高的期望，那就容易陷入沮喪和失望，而造成情緒低落或憂鬱。

貪欲心強的人容易急功近利，追求虛名，只求表面上的功夫，因而失去清醒的思考；抑或高估自己的實際能力，以致在實作上無法準確掌握，不容易得到成就感。

佛經上說：

佛陀有一次詢問弟子：

「你們認為大海的水多，抑或自己手上的一捧水多？」

弟子們回答：

「大海的水多。」

佛陀卻告訴大家：

「手裡的一捧水多。因為掌握在手裡的資源，才是確實可用的，這才叫多。廣大無涯的大海，想像起來雖多，但卻遙不可及，所以無法稱之為多。」

貪婪的人容易好大喜功，就經營事業而言，會造成過度投資、周轉失靈，甚至市場失衡。二〇〇八年的金融海嘯，正是貪得無饜所造成的災難。就情緒生活而言，由於目標訂得太高，急於表現所能，很容易帶來負面的情緒。這些負面情緒包括緊張、焦慮、憂鬱和憤怒，都對身心健康有嚴重的妨礙。

佛法把貪婪併同瞋怒和愚痴，列為三種心靈的毒素，並將貪婪列為三毒之首。因為貪欲之心，會令人失真，引起瘋狂，帶來煩惱和災難。

六

燒衣求美服

當下所有的，
正是你的生活現實，
你不喜歡，
只好去承受愁苦。
就生活而言，
沒有比現在更好的，
你不接納，
只好一窮二白。

生活的真諦就是把握當下。觀察生活不快樂的人，其關鍵在於不願意接納現在，而幻於憧憬未來的成就。他們否定現在，而期待高估的未來；遺棄眼前生活中觸目遇緣的豐收，不願意欣賞隨手可得的喜樂，而汲汲於鑽營遙不可及的未來。於是領受不到喜樂和豐足，精神變得緊張焦慮，長此以往，原本幸福的生活也將被毀。

因此，無論你的年齡、職業、貧富、社經地位或身體狀況如何，都得珍惜手中現在所有的，好好體會活在當下的喜樂。生活的好壞，不是建立在跟別人的比較上，而是建立在自己的安排和調適上。你能接納自己，用手中的資糧去創造生活，實現生活，便有歡喜和幸福。佛陀譬喻說：

從前有個人穿了一件粗布衣，要到幾里外親友家作客，在路上遇見一位自稱有神通的人，對他說：「你面貌端正，一定是個貴人，為什麼要穿粗布衣呢？我有辦法讓你穿上等的衣服，到朋友家作客。」布衣平民很歡喜的說：「如果你能讓我錦衣新裝，我一定依你的話去做。」於是，冒充神通的人就在路旁燒起火來，並對他說：「你把粗布衣服脫下來燒掉，等著它化成美服，便可拿來穿。」布衣平民照他的話做，把身上的粗布衣脫下來燒了。他裸著身子等了許久，還是不見有新的衣服出現。

佛陀指出：我們當下的人生，是很難得的，要好好珍惜當下，進德修業，創造法喜才對。佛家所謂的珍惜當下，就是接納自己，不荒廢自身所有，不異想天開，不著眼於不切實際的未來。所以，我們每個人都該珍愛自己，了解自己的天賦和興趣，然後在工作與生活中，體驗到實現與成功的喜樂。

農人必然在務農中，領受到米苗滋長和收成的喜樂；工人在工作勞動中，領會其工作價值和辛勤奉獻的喜樂；教師則在教不倦、學不厭中，領受教學相長的樂趣。生活的法喜不在別處，就在你的生活和工作場域中。

如果你否定它，或者疏於體驗它，無法從當下的生活或工作中領受到喜樂時，就會頭上安頭，尋找娛樂和享受；墜入逸樂的泥淖，用強迫性的感官刺激，來麻醉自己。這些娛悅的需求，一旦成習成癮，就會自毀前程或生命，如佛陀所說的愚痴平民一樣，燒毀當下所有的粗布衣，變得一無所有。

七　沉香燒成炭

珍惜自己，
必能展露長才；
沃壯自我效能，
亨通就在未來。

貶抑自己，
只會自討苦吃；
放下較量，
自有一番自在。

每個人的天賦都不同，各有其專長，只要你肯努力，鍥而不捨的學習，用心去磨練發揮，都能一展長才，實現自己的成就感。

人的成就感是心靈安定、豐足和喜樂的根源。領受到成就感的人，自信較高，感受到自己是有效能的。他們雖然並不一定富有，社經地位也不是很高，但他們活得有信心、有活力、有神采，知道自己在做有價值的事，過有意義的生活。反之，缺乏成就感的人，無論其是否富裕，總會感到空虛和無聊。從實務中觀察，那些活得沮喪和憂鬱的人，也都有著缺乏成就感的現象，甚至感到活著沒有意義。

心理學家迦納（Howard Gardner）經過十幾年的研究，發現智慧是多元的，而且每個人的結構都不相同。他透過大規模的統計，把人的智慧分成語文、音樂、數理邏輯、空間關係、身體動覺、人際、內省、觀察大自然等八種智慧。每個人都各有屬於自己的所長，彼此都不一樣，都是唯一的、獨特的，因此都應該珍惜自己的天賦才華，也要尊重他人的獨特性。

佛陀用拈花微笑來表示，每個人都像一朵不一樣的花。儘管花的顏色、形狀、大小和香味各不相同，甚至開花的時節、生長的環境互異，但是開花結果的喜悅卻是一樣的、平等的，所以人不應該活在比較之中。

俗話說：「人比人，氣死人。」人一旦拿自己與他人做比較，無疑便會壓抑自己的自尊和天賦。人為了與他人一較長短，甚至不惜把自己變造成別人的樣子，而背叛自己，其結果自然失去了原有的價值感，以及實現後的成就感。這就是現代憂鬱症流行的心理原因之一。佛陀說過一個故事：

一位富家年輕人，到遠地水澤裡採了一車子的沉香，運到市場去賣。由於沉香價格高，物以稀為貴，買的人很少。那時，他看到市場裡賣木炭的人生意熱絡，賣得很快，年輕人為了讓自己的生意好轉，就把沉香燒成炭來賣，果然很快就賣出去了。可是一車的沉香，還賣不到半車木炭的價格。

時下有許多人，為了追求熱門，往往捨去自己的天賦興趣，以致得不到應有的成就感而鬱鬱寡歡。為了追求流行，不少年輕人在網路上遊戲，比賽武功績點，浪費青春歲月，而沒有為自己的未來紮下根基。有人為了比別人擁有多一些財富，卻因過勞而犧牲身心健康。這些事都像把珍貴的沉香燒成木炭來賣一樣，是不智而沒有認清自己，只顧跟隨風潮、隨波逐流，到頭來吃虧的還是自己。

八 砍樹取果

殺雞取卵，
導致血本無歸；
砍樹取果，
必然一無所得。
本末不能倒置，
行事切忌魯莽；
能夠依此修持，
必有美好豐收。

凡事都有本有末。你做了投資，是希望得到一些報償；把錢存在銀行，是為了能孳息。我們都知道，利益是從投資得來的，利息是由本金滋生的。人們不會為了眼前一點小利，讓投入的資金血本無歸。

可是傻事卻經常發生。我們都知道健康是本，但就有不少人為了貪玩熬夜，損害健康；或耽於酒色毒品，而戕害自己的身體。我們也都知道，人生要以學習本事、進德修業為本，但有許多人卻耽溺逸樂，自甘墮落，無一技之長，而陷入潦倒。我們更知道道德人品的重要，卻會因為一些小利而禁不起誘惑，甚至鋌而走險，作奸犯科，毀掉美好的人生。

你一定聽過殺雞取卵的故事。一個人為了急於得到一顆蛋，把一隻經常下蛋的雞不加思索地給殺了。其結果自然在享用過一顆蛋後，再也沒有雞可以下蛋了，因而陷入窘境。這種愚蠢的行為，自古以來就有銘訓。

佛陀的教誡也不例外。他對弟子們說：

從前有個國王，在他的林園中有株美好的果樹，高大茂盛，長出的果子香甜可口，是絕無僅有的品種。有一天，王宮來了外國貴賓，國王很高興地領他們遊園。他指著這棵樹說：「此樹長出的果子甜美無比，有如稀世珍寶。」外國客人說：「既然有這麼好的果子，能不能讓我嚐嚐鮮呢？」國王為了順應客人的請求，二話不說就叫人把樹給砍了，希望能找到果子。可是季節不對，一粒果子也沒找到。後來，國王又叫人設法把砍倒的樹接回去，但果樹終究還是枯死了，再也沒人能嚐到那麼美好的果子。

我們很容易因一時的情面，而應允做些不該做的事，以致後悔不已，甚至造成嚴重損失。國王顯然被情面沖昏了頭，所以做出這麼愚不可及的事。殺雞取卵，至少還得到一顆小小的雞蛋，但這個國王卻連一粒果子也沒有，顯然是遜多了。

我們很容易因為一時的貪婪，而做出錯誤的決定。為一時的情面和感情用事，而做出愚不可及的行為。因耽於逸樂享受，而做出自毀前程的事。儘管原因不同，動機各異，但共同的問題是本末倒置，先後失序，因而造成嚴重的損失和挫敗。儒家所謂：「物有本末，事有終始，知所先後，則近道矣！」誠屬銘訓。

佛陀在上則故事中指出：修持和學習的功德，就像那棵大樹，只要樹長得好，碩果累累便指日可期。如今毀壞了學習和修持，就像美好的果樹被砍倒在地一樣，再也不可能長出果子來。

「殺雞取卵」和「砍樹取果」的道理很容易明白，但卻也是許多人容易犯的致命錯誤。這個錯不是明知故犯，而是陷在迷惑的情境下卻不自覺，終致好像做得很對的大錯。

九 黃金在岸上

生涯的池塘裡，
閃爍著黃金亮影；
苦苦的追尋摸索，
卻是一無所有。
偶然回顧岸上，
嗨！耀眼的純金，
原來就在
近處的岸邊。

生活在這追求成長和業績的時代，沒有人能自外於功利的社會，每個人都必須在職場上討生活。為了效率，追求業績，於是許多人不吝超時工作，犧牲家庭生活，甚至減少休息，因此而忽略了健康和親情。每天都被工作催逼，承受時間的壓力，汲汲於工作的表現。心理學家把這個現象稱為工作狂。

工作狂的人性情急躁，日子久了，就會身心疲乏，創意減弱，效率開始大不如前。有些人便會漸漸引發身心失調的毛病，在健康上亮起紅燈。一般來說，諸如心臟血管的疾病、消化系統的失調、身體的疼痛等等，都是工作狂常有的現象。起先他們抱著微恙繼續工作，後來變得吃重起來，眼看著眼前的成果，實在捨不得割捨，就這樣日復一日，強忍著，在現實的激流中掙扎。用眼前有形的成就，來撫慰身心的苦痛和疲憊，這是現代人最主要的苦。

時間的窘迫、生活的競爭和工作的催逼所造成的苦，跟飢寒交迫沒什麼兩樣。無論你的社經地位如何，只要碰上這種事，就會感受到苦。真是「高，高處苦；低，低處苦」。過去，工作的目的是為了生活，換句話說，生活是目的，工作是手段；工作賺錢是為了生活幸福。如今，大家反把工作當目的，把生活當手段，這就造成了顛倒。佛經裡把這種現象稱作「倒懸」。佛陀在《百喻經》中說道：

有個人在水池裡討生活。他在工作中看到黃金閃爍的影子，於是便潛入池底尋找，東摸西尋，總是找不著。於是休息片刻，不一會兒水面稍稍平靜，黃金閃影便又出現。他又躍入池底尋覓，重複尋找，疲憊不堪，還是找不到金子。這時父親正好來看他，便告訴他說：「水中是黃金的影子，真金在岸上。」這才覓得他要找的黃金。

這則隱喻說明了生活才是根本。在討生活的水池中，所看到的黃金閃影，原來是岸上真金的倒影。「物有本末，事有終始」，我們要找的是岸上的真金，而不是水中閃亮的金影。佛陀在這則故事中更指出：人生固然足惜，但卻變化無常，因此真正重要的是真如慧命。他呼籲大家要珍惜自心菩提，發展慈悲喜捨的豐富人生，而不是勤奮在無常變化的生活幻影裡。

我常有機會碰到被職場困住的工作狂，他們生活於焦慮的疲憊情境。尤其是有了身心症之後，必須依賴藥物，才能支撐下去。藥物多多少少都會帶來昏沉和不適的副作用，所以他們諮詢的重點，大部分都集中在調適自己的身心。我除了建議他們養成從容的生活步調，每天運動，培養雅興，心靈淨化和禪操等等之外，還會提醒他們參這則隱喻。引導他們明瞭健康的身心和永恆的慧命，才是幸福和悅樂生活的根源。

每個人生涯池的岸上，都有一塊純真的黃金，請好自珍惜。

十 願為王剃鬚

保持向上的心力，
生活自然振作；
養成消極慵懶的習慣，
人生變得頹廢懈怠。
精進向上的人，
福氣好，喜樂多；
主動樂觀的人，
長保健康，慧壽綿長。

人需要有一顆向上提升的心，才能發揮才能，拓展視野，創造幸福的人生。向上的人積極堅毅，有目標，有使命感，覺得自己生活得有意義，而且願意與人合作，共創佳績。因此即使前路崎嶇，也多半都能否極泰來。人最忌諱的是自甘墮落，我看過不少頹廢不長進，或者沮喪不振的人，他們都缺乏這種向上提升的生活習慣和態度。所以，我們每個人都需要有股向上提升的精神力，透過精進和行動，克服種種困難，才能創造美好的人生。

從心理學的觀點來看，人類的心理疾病及其衍生而來的不幸，大抵來自於消極的生活態度。而人只有兩個選擇：積極或消極，向前走或者向後退墮。這正是精神分析學大師佛洛伊德（Sigmund Freud）所謂「個體不往生的方向發展時，就會往死的方向走去」的道理。人不往善良和愛這邊走，就會往邪惡痛苦那邊靠；不肯向上保持精進，那很快就會墮入困境。

佛陀為了提醒大家隨時保持向上，曾以「願為王剃鬚」的故事做比喻。他說：

國王有個忠實的侍者，很受國王的信任。一次，國王親率軍隊與敵國交戰，卻陷入敵陣，情勢危急，經這位英勇的侍者奮力保衛搶救，國王才得以保住性命。國王很賞識他，對他說：「你想做什麼職位，我都答應你。」侍者卻說：「我只要幫國王剃鬍鬚的職位。」國王笑著說：「你喜歡這個工作，我就答應你，如你所願。」這件事傳開後，大家都笑那位侍者愚笨，不明白他為什麼不要求國王給他歷練的機會，甚至學習治理政事，而只願意當個剃鬍鬚的小差呢？真是太不爭氣了。

佛陀接著說：人生難得，既然有機會來人生走一遭，又已聽聞了人生的究竟義，就要心量廣大，做更多努力的奉獻。人如果心志狹小，不求上進，硬生生錯失良機，真是可惜了。

我從實務研究中發現：快樂是自己努力得來的。如果對生活能採取負責向上的態度，心志和情緒就會活躍起來，生活便能充實自在，並體驗到成就感和快樂。反之，那些等著別人施捨照顧的人，會因依賴而退縮，並將自己不快樂的原因，歸咎於別人沒有善待自己或命運不好，而不願意採取積極的行動，創造一番作為。人越不肯接受挑戰，向上提升的力量就越容易萎縮。延宕該做的事，找理由推拖，不但會產生挫折感和無助感，而且還會壓抑潛能，感到頹廢和沮喪。觀察那些憂鬱和不快樂的人，其關鍵常在自怨自艾，認為自己不行，不肯接受挑戰，以致享受不到工作完成時的滿足感，以及勇於接受新挑戰的興奮。

每個人都該懷著向上的心，接受挑戰和歷練，讓自己振作，發展自我功能，才能享有幸福、喜樂的人生。

十二

看窯工做瓶

懷抱生活目標，
天天都會精神振作；
追尋有意義的蹤跡，
日日都有希望。
生涯路不走小徑岔路，
畢竟是坦途；
旅途中不貪玩懈怠，
終點是一場豐收。

一個人生活如果沒有目標，成天無所事事，就會覺得無聊、空虛和消沉。這時，為了填補空虛，就很有可能耽溺於不良嗜好，不是整天耗在網路上，尋找各種消磨和電玩遊戲，便是吸毒酗酒或賭博，於是萎靡不振。

誠如心理治療大師弗蘭克所說，追求意義的企圖，是個人最基礎的動機。人在失去意義時，不只變得頹廢，甚至會有活不下去的感覺。我觀察那些自殺的個案，大部分是喪失了追求人生意義的意志，以致生活失去目標，形成絕望的感受，造成嚴重的憂鬱，而有自戕的想法。

在今天的社會裡，另一種失去追求意義的心理症候，就是網路成迷。它的主要成因是生活沒有目標。他們在虛擬的網路世界裡遊蕩，飄到哪裡就在哪裡幹點活，可是那些活卻是虛幻的。因此只要一回到現實，那種空虛和失去意義的不自在感，便又隨之而來。於是，又再上網去尋找刺激來填補。嚴重者，會沒有力氣正常上學或上班，甚至失去人際互動的能力。

每個人都有一個價值傾向，大致來說，可分為美感、人道、智慧、經濟、權力、宗教和快樂等七大類。我們隨著自己的價值傾向以及手中的資源，配合現實環境，決定目標。透過對目標的追逐和努力，累積經驗，形成意義感，而獲得心理上的充實。之後，一波波的目標，豐富了自我的意義，創造多采多姿的生活內容和喜悅。因此，追求意義和行動目標之間，有著密不可分的關係，佛陀曾經以「看窯工做瓶」作隱喻：

有兩個人一起參加趕集，半路上經過一個陶窯廠。他們停下來參觀窯工製作陶瓶，覺得很有興趣，因此看了很久。甲覺得看夠了，心裡想著要去趕集，就急忙離開。他在市集中吃了豐富的餐點，賣掉貨物，也買到所需的物品。乙只顧著看窯工做陶瓶，心中想著：「等完成一個陶瓶再走。」於是他看著窯工做了一個又一個，一直到了天黑，還在那裡觀看。結果乙沒有參加趕集，不但餓著肚子，需要的東西沒有買到，帶在身邊的貨物也沒有賣出去。

佛陀接著又說：人容易被俗務引誘，虛度時日，浪費光陰，把切身重要的事擱在一旁，一生空過，真是可惜。所以大家要有所覺悟，好好把握時光，為生命做及時的努力。

人的一生有兩個努力的重點，其一是世俗的生涯，其二是參契生命的究竟義。前者是從自己的因緣中，努力實現抱負，過喜樂豐富的人生。後者是實現慧命，展現生命的德行和意義，與高層的精神世界相契交心。

有許多人既沒有為人生的幸福而努力，也沒有為生命的究竟義做修持參契，所以懷著蒼白無奈的心靈，生活在失落和徬徨的情緒之中。我虔心的呼籲，希望每個人都能把握當下，過精進而有意義的人生。

十二　二子分財

禪家常說：
若無閒事掛心頭，
便是人間好時節。
且問什麼是閒事？
為小事爭到底，
就會紛繁無盡，
失去理性，
永無寧日。

人們常常為了爭公平而互不相讓，因此敵意升高，造成僵局。加上溝通不良，就可能互相施暴傷害，或者以非理性的方式，做出無法彌補的錯誤行為。

公平的實現，需要包容與智慧來行動，需要保持尊重和互讓，才能形成互蒙其利的妥協。為小利而互不相讓，爭公平而互相纏鬥，以致敵意白熱化，產生仇恨、憤怒和暴力。這時無論施暴的方式是什麼，都將帶來衝突和傷害，即使是好友同事，都要反目成仇；親人骨肉，也會互相戕害。

你或許時有所聞，兄弟為了爭奪遺產中的蠅頭零數，忿忿不平，互相挑釁，毀謗傷害，甚至落到最後得把家產變賣光，才足以支付纏訟費用。更不幸的是，為了小小的爭議，骨肉相殘，造成無法彌補的遺憾。同住在公寓裡的居民，為了公共設施費用分攤不平，弄得緊張憤怒；鄉下純樸地區，一樣會為了小小的田埂地界爭議，造成肢體暴力或興訟多年。

大家希望凡事公平，分毫不差。但是生活中難免有不公平的現實，即使只是一丁點兒不平，仍然會挑起雙方的緊張，形成敵意。經過情緒的激化，造成非理性的行動，衍生為始料未及的後果。最常見到的不公平，是發生在分遺產上。兄弟能心平氣和分遺產的不多，而懷著不悅或不滿，甚至積鬱心中，變成情緒不健康者卻大有人在。我研究心理健康多年，頗能了解不公平對情緒的傷害，更能知曉他們每想起不平的舊恨，便會隱隱作痛的感受。

我認為對付這種傷痛，要有心理準備，要用包容去面對小小的爭議，才能成全大致的公平，發展互相尊重的親情和友情。當然，更要用理性去思考，才能保得住公平的涵義，創造公平中的福報。佛陀用「二子分財」的譬喻，來引發我們對公平的理性思維。他說：

摩羅國有位富翁，在臨終之前，把兩個兒子找來叮囑說：「我死了之後，遺產由你們兩兄弟平分。」不久富翁過世，便依照遺囑，公平分配財產。可是怎麼分都不公平，哥哥說弟弟分到的多，弟弟說哥哥分到的好，於是兄弟倆吵了起來，僵持不下。這時有一位老翁建議他們說：「你們把所有的財產、房舍和家具等等，都分成兩半，各拿一半，這樣最公平。」

兩兄弟聽了都表示同意，於是就照著去做：把每件衣服、棉被都剪成兩半，一人一半；把鍋子、碗碟、桌椅和用具等，也各劈成兩半，一人分一半；最後，手上的金銀也都切成兩半，各分一半。兄弟倆分完了遺產，表面看來雖然公平，卻沒一樣完好的東西可用。

現代人都很講究公平，為公平爭到底，無論是個人的生存、發展和名利地位，都要重視公平。但公平畢竟是一個抽象的概念，如果不以理性的思維，以及愛心與包容的胸襟來對待，一味爭公平而互相傷害，將會造成嚴重的後果。個人如此，社會亦如此。

參

精進踏實人生

生命是一個艱難的歷程，因為我們必須去面對許多問題和挑戰。要解決問題是辛苦的，需要有精進踏實的態度。人必須認清這個事實，才會心甘情願去努力，學習解決問題，負起責任，克服困難，也才能活得幸福和開心。

人一旦養成逃避問題的習慣，就只會呻吟抱怨，拈輕怕重，不肯承擔責任，人生將會被困難所征服，而形成一場災難。誠如榮格（Carl Jung）所說：「精神疾病一向是正當受苦的代替品。」那些養尊處優、不肯承擔的人，很容易便會有挫折感，易於引發心理症狀。

因此，我們有必要教導自己和孩子，學會承擔責任與接受辛苦的磨練。受苦的意義，是直接面對生活中的問題，在解決問題中成長，從而建立信心與自我效能。唯有透過必要的歷練，才能培養出健康、有能力和樂觀的人生。

觀察現代的教養風氣，一般人只強調學校的成績，普遍不做家事，疏於待人接物的訓練。這通常會帶來堅毅度不足的問題，以致在現實生活中，遭遇更多的困境。因此，我們要學習面對生活的挑戰，培養積極的態度，在承擔責任中成長，在正當受苦中學習振作。這是生命的唯一健康之路。誠如精神治療學者佩克（Scoot Peck

）所說：生命需要一套紀律，才能真正強壯起來。它包括：

● 先苦後樂：先解決問題，再享受成果；萬不可先享樂，然後把問題擱在一邊。問題累積多了，就會把人壓垮。

● 接受責任：學習承擔責任，能使人堅毅能幹，具備多方面的能力。反之，推卸責任者，容易造成邊緣人格和自我認同不完整的現象。

● 忠於真實：願意面對真實的人，表現較為能幹；越是逃避現實、迴避困難的人，就越容易失去準頭。

● 求取平衡：保持平衡的技巧就是割捨。願意捨棄過多的享受和娛樂，才會有時間和精力來面對眼前的要事；願意捨棄某些花費，或增加工作收入，才能保持經濟生活的平衡。

精進踏實的生活態度，在生命的場域裡，不是一個定義，也不是一則格言，而是在林林總總的工作和生活中，彈性合宜的表現出來。

本篇中的隱喻，能讓我們領悟精進的行動，對人生的正面意義，進而積極發展良好的自我效能，圓滿成功的人生。

一 只造第三層樓

人要有夢想，
但要從近處著眼；
要有藍圖，
卻要從基石著手。
眼高手低，
不能成就志業；
遊手好閒，
終究一事無成。

人要有夢想，更需要踏實築夢。這個道理人盡皆知，但能辦得到的人並不普遍。夢想是個人的期待，也是需要的化身。有夢想就有目標，有行動就有成就感，這能振奮精神，使活力旺盛。反之，空有夢想，卻不去遂行，每天蹉跎度日，躊躇不前，精神便會隨之萎靡，容易有挫敗感，甚至發展成無助和沮喪的情緒。它就是心理世界的低氣壓，很容易形成憂鬱的風暴。

從心理諮詢實務中可以發現，抱著夢想而不肯行動的年輕人，有逐漸增加的趨勢。他們在成長過程中，通常被賦予太高的期許，被照顧得太多；前者使他們變得「眼高」，後者使他們變得「手低」。因此，他們很難在現實的生活與工作中，獲得成就和成功的喜悅，因而沮喪難耐，只得躲進網路世界，藉此逃離現實。我稱這些人為網路叢林的隱者，也是一般所謂網路成迷的人。我曾接觸過不少這樣的個案，沉痛的父母親帶著青少年子女，或者二十多歲的年輕人，前來尋求協助。這些年輕人卻眼神呆滯，面無表情地說：「理想離我太遙遠，怎麼努力也達不到。」

這也是因為我們的社會太重視功利，以致許多年輕人的抱負水準過高，人人都想當人上之人，卻不懂得努力精進。這是教育上的困境，沒有兼顧理想和體驗現實的結果，兩者不協調下所產生的壓力，便造成焦慮和憂鬱的情緒。我也發現：由於性別刻板觀念作祟，男生承受的壓力比女生大。因此，網路世界的隱者，男生人數比女生多。佛陀在《百喻經》中說：

從前有一位富商，看到別人住的是三層樓的豪宅，華貴無比，心生羨慕，於是找工程師和工人來建造華麗的三層樓房。施工好些日子，只見他們在打地基、墊礎石、做牆腳，卻看不到三層樓。富商於是把工程師叫來，指責說：「要你們造三層樓，怎麼只在下面造，不在上面造呢？」工程師說：「建造樓房要從基礎造起，一層一層往上造，才能蓋到第三層呀！」不料這位富翁卻阻止施工，說：「我不要下面的兩層和基礎，我只要第三層。你們給我造最上面的那一層就好。」富翁堅持己見，工程師只好停工作罷。

這個故事乍聽之下頗覺有違常理，事實上這種心理機轉，自古以來一直存在人們心裡。特別是現在這個時代，大家都把目光放在「第三層的華麗樓房」上，忘了要腳踏實地、從基礎做起的重要性。

生涯發展有如蓋樓房，要一步一步來建構，每完成一點基礎，都會產生成就感；每建造一層樓，都會喜樂振作，人生的三層樓就是這樣蓋起來的。如果不肯步步為營，那就只能望著夢想興嘆、沮喪和無奈，最後只好無助地逃避，在虛擬的世界裡過著夢幻的人生。

二 炒熟芝麻當種子

異想天開，
做不出務實事業；
炒熟的芝麻，
種不出豐收田園。
安逸者頹廢，
精進者力強；
蓄勁努力，
才有一番榮景。

人的生涯發展，誠如古人所說：「生於憂患，死於安樂。」每個人都必須在許多挑戰和磨練中，學習解決問題的能力，領受成功經驗的喜悅和信心，從而發展積極樂觀的人生。佛陀說了個故事：

有個人抓了一把生芝麻放在嘴裡，覺得不好吃，後來把它炒熟了，喫起來卻很有風味。於是他想：「用香熟的芝麻來下種，一定能結出香熟的芝麻來。」因此他炒了許多芝麻來種，結果卻什麼也長不出來，徒增損失。

佛陀接著解釋說：種子焦了，就結不出果子；修持的正因消失了，當然無法出現菩提佛果。人要不畏艱難，努力去發展智慧，才能創造幸福的人生。

生命是一個艱辛的歷程，我們能了解這個真理，就情願去面對種種困難和挑戰。事實上，我們的適應力以及不斷拓展新局的創意，都是在一波又一波的困難中學習得來的。誠如美國獨立革命先賢富蘭克林（Benjamin Franklin）所說：「那些讓我們傷痛的事，都可以教導我們。」正因為如此，有智慧的人學會不怕問題，歡迎問題的挑戰。

相對的，退縮逃避困難的人，總是耽溺於安逸，不肯去面對問題。這會讓智慧和創意之芽，有如炒熟的芝麻一樣，發展不出來，從而陷入心智退化的狀態。期待著問題能自動走開，或假裝問題並不存在，以此規避現實，最後便會產生心理疾病或精神問題，這就是墮落和心理潰敗的起源。

炒熟的芝麻看似芳香，但其生命力和活力卻早已死亡。相同的，如果在教育上給孩子太多享受、安逸和照顧，一旦養成習慣，他們的主動性就會被抑制，而在不知不覺間懶怠起來，勤奮振作的態度也就無法培養。因此一遇到困難，就只有逃避一途，而不能挺身面對現實的挑戰。這是現代許多父母要引以為戒的，對孩子照顧得無微不至，對他往後的生活反而是有害無益的。

現在幾乎人人可進大學，學位俯拾可得。但是要培養積極、創意和堅毅的心智，則誠屬不易。我看到有些大學生不肯花工夫打好基礎，一味懵然度日；不願意面對現實，只想安逸苟且。這些好逸惡勞的人若不及時覺悟，悔改奮發，就會像種植炒熟的芝麻一樣。貪一時之樂，失去發展前途的苗芽，到時悔之晚矣。

三 牛腹儲乳

多用腦力，
心智增長發達；
用進廢退，
不可不知。
勤奮的人健康，
活躍樂觀者少病；
保持精進不懈，
就能創造健康幸福。

人的生理和心智機能，如果能得到適當的運用，令其發揮功能，就能活得健康，表現出更好的創意和精神力。我們的體能、思考、智慧和情感，使用得越多，就越豐沛；一旦怠惰不用，就會遲鈍退化。

美國研究老化醫學的專家鮑立茲（Walter Boritz）發現，人們一旦忽視身心活動的需要，就會破壞健康，導致身體和心智的衰老，造成廢用症候群（disuse syndrome）的發生。凡是廢棄不用的身心機能，都會面臨萎縮退化的問題，包括心臟血管脆弱、骨骼容易斷裂、肥胖、慢性疾病、情緒鬱悶及早衰等現象；而人的心智和思考若長時間不用，也會衰退和僵滯。因此，每個人都應該保持適當的運動，多用腦思考，保持人際互動。這不但有益健康，而且能常保敏悟，益壽延年。

最近有些年輕人不喜歡從事正常活動，整天甚至整夜耗在網路上遊戲交談，以致白天精神不濟，荒廢學業、工作和應有的責任承擔。他們不願接受訓練學習一技之長，總是窩在家裡走不出來。心理學家把這群人稱為尼特族（NEET）。這些人的意志漸漸消沉，無法面對現實生活，身體也跟著衰弱下來。佛陀在《百喻經》裡說過一個故事：

有一個人想要在幾個月後宴客，需要大量的牛奶，他為了累積足夠的牛奶，於是想出一個點子：把牛奶藏在牛的肚子裡，不要擠它，屆時就有牛奶可以用了。可是到了請客的那一天，他養的那幾頭牛，卻通通擠不出奶來。

佛陀用它來比喻人要精進努力，心智才會開展。要懂得及時與人分享創造出來的成果，否則就無法豐富生活，進而失去光明的人生。

就個人而言，我們需要振作，透過思考和行動來創造健康幸福的人生。就社會而言也是一樣，如果整體社會性格失去活潑創造的活力，規避現實的挑戰，那麼這個社會就像停止擠奶的牛，最終泌不出好的乳汁來。所以，社會性格中的頹廢思想，是要防範導正的。

人必須要有工作，有休閒；有自我靈修，有社會活動；有學習，有喜樂；有安止養性，有運動磨練，這是生命的真理。反之，放縱自己怠惰荒廢，生命力就會漸失，衰弱老化將會侵蝕健康，疾病纏身就會毀掉幸福。從近年來憂鬱症和慢性病的逐漸蔓延，以及尼特族的增加，就值得我們警惕。

因此，我們不但要防範廢用症候群的蔓延，更要發揚勤奮精進的精神，以及通達喜樂的襟懷，只有從這兒著眼，我們才能活得健康幸福。

四 縮短路程

宏觀的規劃，
提升了執行的動機；
逐步的行動，
必能展現十足的耐力。
分段學習，
作學問不覺困難；
由近及遠，
必能步步為營。

要完成一件複雜艱鉅的工作，心理學家會建議我們，把它分成幾個階段，列出時程和分段目標，逐步完成，就可以不慌不亂的畢盡其功。沒錯！以分段的方式來完成一項大目標，壓力就會減輕許多，專注力跟著提高，心情也比較篤定。這種步步為營的策略，不但有益於自我控制，更能在每一階段完成時，感受到成功的喜悅。從而孕育出信心和持續力，產生堅強的毅力，以完成最終目標。

我年輕時在山裡做粗工，或伐木或種植，長輩總是用這種漸進的方式，自我期許，自我勉勵。後來，我經常使用同樣的方法，去實現學業和工作上的長跑。我連現在寫作時，也習慣將目標分成幾個部分，再細分幾個單元，像砌磚一樣造牆建屋，一本書總在循序漸進中，不急不徐的水到渠成。這種方式能維持良好的持續力，見招拆招，克服困難。

佛陀知道修行證果是一生一世的事，要從近及遠的學習，從修身到利樂有情的弘願，從自我訓練到菩提圓滿的覺悟。這些步驟都必須步步踏實，紮下功夫，長期努力，才能成就。他為了避免弟子勞倦，產生退心，於是把功課分成小乘、中乘和大乘。小乘著重在修己自度，培養自律和不起障礙，並能看清無常苦空的人生特質。

中乘則注重領悟和智慧的啟發，對生命的本質有所參透。大乘則引導弟子走向大乘之路，修己安人，慈悲度眾，以實現同登法界的喜樂和美好。

為了要讓弟子們更明白逐步修持的方法，穩紮穩打地完成全部課程，佛陀說了一個故事：

從前有一個村莊，離京城百里。這村子有一口好井，水質清涼甘美，國王就命令村人，每天送水到京城來讓國王飲用。村民來回奔波，疲勞生厭，許多人都想遷移他處。村長知道此事，便召集村民講話。他說：「你們不要遷走，我去奏請國王同意，把路程改為六十里和四十里兩段。分段來走，就不會疲勞了。」村長隨即前向國王請求，旋獲准許。村民聞訊，都很高興，也就不再萌生退意，打消了遷徙的念頭。

在這則故事中，佛陀解釋道：進德修業，須依順序次第，先修習小乘，再學中乘，再入大乘。佛陀覺悟教法，其實只有一乘，而非二乘或三乘。

心理學家對學習提出分段學習和精熟練習的技巧，其主要目的，是要我們避免看到太多功課而心灰意懶。如果你想學英文，就得一個階段一個階段的練習和通過測驗，等到分段練習完成後，自然有嫻熟的英文能力。其他學習也是一樣的道理。

最近有朋友問我，經藏浩瀚無窮，你怎麼有恆心讀下去呢？我告訴他說：「把它分成幾個區塊，每天讀一點，就能步步經營，一直閱讀下去。」分段學習，持之以恆，是成就一切事業和修持的良方。

五

莽夫治病

明白事理，
做事恰如其分；
學習新知，
困難迎刃而解。
衝動蠻幹，
必有後患；
謹慎從事，
總是心想事成。

處理事物必須應用新知，契合經驗，縝密思考之後，再採取行動。一時興起，盲目硬幹，非但不能把事情做好，有時還會闖出亂子，害己害人。佛陀說了個比喻：

有個患駝背的人，越來越駝，背痛加驟。他心生一計，在背上塗了酥油，把自己夾在兩塊原木板上，找來幾個大漢幫忙，強壓木板，說這樣可以讓他的背平直。幾個人用力壓下，他痛得眼淚奪眶而出，不但沒有治好駝背，又增加了新傷。

現在大概沒有這麼傻的人，用這種粗暴無知的方式，來治療駝背。不過，類似的蠻幹作風，卻仍然存在，而且相當普遍。有個口吃的孩子，由媽媽帶來晤談，她告訴我說，孩子口吃時，爸爸就會憤怒責罵，於是孩子的口吃就越來越嚴重。我請她先帶孩子去醫院檢查，確定發聲沒有問題，再約他們晤談，教他們怎麼與孩子正確講話，不久就進步許多。

類似的事件很多，有些人一意孤行，說起話來獨斷，做起事來不顧後果，特別是在婚姻生活上，凡事只照自己的意思去做，不尊重配偶想法和感受的人，總是把感情生活弄得一團糟，連帶把孩子的心理健康也賠了進去。這些人的慣用藉口是：「我這個人就是這樣，改不了；實在不行，那就拉倒。」因此家庭生活經常處在火爆或低悶的氣氛之中。

現代學術界很重視觀念分析（concept analysis），認為一個正確可行的觀念，至少包含三個向度：邏輯的一貫性、經驗的檢證性和道德的可期性。我們待人處世，首先要講理，在邏輯上要說得通，凡事提出假設和論證，先做解析推理，用大腦思考這樣做是否能解決問題。例如責罵孩子，能解決口吃的問題嗎？一意孤行，堅持己見，能使婚姻更和睦、家庭變得更幸福嗎？稍微想一下，就不會蠻幹硬拗了。把道理想通，再思考是否符合經驗法則，做起事來，就能通情達理，切中要領，也符合道德的期待。

社會的活動也一樣，尤其是政治人物或參與公共事務決策的人，最需要冷靜的思考，符合現實的檢驗，和道德的責任感。因為他們很容易在激情中，升起蠻幹的想法，一意孤行，煽動群眾，去遂行個人一時興起的意念，或滿足自己的權力私欲，而造成動亂。社會是由一群人組合而成的，如果每個人都懂得思考、踏實和有道德責任感，國家社會就有希望，個人就有幸福。

硬幹是行不通的，即使藉口冠冕堂皇，也無非是欺騙大腦的毒品。佛陀的這項提示，真是對眾生的無盡護祐。

六 刻船尋盃

學習新知，
就能孕育新機；
守舊固執，
無法應付變局。
社會變遷，
如風起雲湧；
昧於真實，
必然失落無得。

我們生活在變遷快速、生產技術不斷進步的時代，為了面對新的局面，迎接新的挑戰，必須學習新知，孕育新的創意。因為唯有知識和創意觀念，才是適應變化、保持競爭力以及賴以調適生活的工具。舊的知識觀念，很快就會失去它的工具性，無法解決新的問題，因此，無論你的學識有多好，只要停止學習和研發，就會受到時代無情的淘汰。所以古代明君商湯給自己的座右銘就是：「苟日新，日日新，又日新。」

所以我認為每個人都該「做新民」，要不停的用智慧去覺照新的挑戰，學習新的解決問題之道。國家政經發展必須如此，個人的知識和健康管理也如此。世事變化無常，我們不可能用刻板的舊想法來解決新問題，更不可能用事過境遷的老觀念去面對全新的挑戰。

佛陀教導我們，要用般若去覺照和創新，而不是用死觀念和成見，去看待世事，去面對無常和現實，這才能利樂有情，創造幸福的人生和社會。於是，他說了一個故事，來比喻這個道理：

從前有個人，乘船渡海，在航行中一不小心，把一只銀盃掉落水中。他立刻在船身做了記號，以記錄掉落的位置，然後繼續航行。他心中想著：「我已牢記銀盃掉落的位置，爾後可以根據所畫的記號來打撈銀盃。」

經過許多日子，船行到很遠的獅子國，停在一條河邊。於是，這位旅者依船身記號跳入河中，要撈回失去的銀盃。旁人問他：「你在水裡尋找什麼？」他答道：「我在打撈掉落的銀盃。」旁人又問：「你掉落在哪裡？」旅者說：「兩個月前我初入海時掉落的。當時我在船身上畫了記號，今天我依這記號，跳到水裡打撈。」大家聽了，都哈哈大笑地說：「雖然船都在水裡，但地點已相隔千里，怎麼可能撈回失去的銀盃呢？」

佛陀在這個故事裡指出，一旦執著於舊觀念，即使是苦行，仍然無益。唯有掌握原則，具備慧眼，才能把握事理，實現生命的真諦。用智慧覺照現實，才是重要的修持。

科技發展一日千里，政經及社會變遷，有如浮雲一般千變萬化，你若盯著蒼穹天邊的雲，以此為人生路上的目標，怎麼會不迷失呢？根據一九九〇年代推估，知識的半衰期，工程方面為五年，社會科學為十年，人文科學為十五年。在二十一世紀前十年近尾聲的現在，則縮短了許多，工程方面的知識半衰期平均只有兩年，電腦和通訊科技則只有半年，社會科學方面，平均亦不超過五年。因此，只要我們停頓不進修，不使用智慧創新，原有的知識和技術，很快就會失去它的工具性，不但無法解決問題，而且將變得毫無價值。

七 償還割肉

預做籌謀，
能防患未然；
事後道歉，
並非行事正法。
勇於改正，
固然是大家風範；
精準無誤，
方是才思敏捷。

我們常在新聞報導中，知悉某人為了一時疏失，向社會道歉。俗話說：「知錯能改，善莫大焉。」在道歉的同時，若能真正改正，總比包庇過錯、硬著嘴巴說瞎話要好得多。於是，社會上鼓勵並支持知錯能改。不過，知錯能改畢竟是消極的，它遠不如事先籌劃周詳，讓錯誤減到最低，那才是上策。

就拿公共事務來說，有些公共工程，例如機場、展覽場館的興建，因為沒有良好的配套措施，而落得閒置荒廢。這不是一句道歉就能了事的，而是嚴重的損失。又如河川整治，因為設計施工不良、人謀不臧等因素，導致洪水一來，看似壯觀的建設，頓時成了豆腐渣工程。看似整治良好的水庫，卻在一夜之間成為淹沒村莊的禍首，其所造成的損失，對人民的創痛，無可言喻。

《中庸》上說：「凡事豫則立，不豫則廢。」凡事準備周到，詳細規劃，踏實的執行，才會有好的成果。尤其是在今天這個複雜多元的開放型社會，許多公共事務更需要縝密規劃，並對相關層面做進一步的了解與整合，否則可能會造成嚴重供需失調。而且錯誤一旦造成，就不是道歉能解決的，有時花更多的人力和物力，也無法補救。佛陀說了一個故事：

從前有一個國王，聽說有人議論他施政不足，因而憤怒異常，立刻要拿辦那位批評者。在旁人的讒言下，就把一位忠臣捉來治罪，在他背上割肉百兩。後來證實這位忠臣並沒有詆毀國王，於是下令給了他一千兩肉，作為補償。但這位大臣還是呻吟叫喊，非常疼痛。國王去探望他說：「我取你百兩肉，現在加了十倍還你，你為什麼還覺得痛，還不滿足呢？」這位受苦的大臣仍然呻吟，無力回答。旁邊的人代他答話說：「大王呀，假如有人把你的頭割去，然後還給你一千個頭，你原先的頭會回復原位嗎？」國王聽了，默然無語。

佛陀說這個譬喻時，更叮嚀我們：做事要謹慎細心，不可以粗糙鹵莽，等到事情做錯了，想竭力補救損失時，總是晚了一步。

我們雖然制訂國家賠償法，及各類法律保障個人權利，使之減少損失，但畢竟是事後的消極作為。我相信唯有用認真的科學態度，踏實做事，才是正辦。公共事務的經營如此，個人的家庭、婚姻、子女教育及友誼，乃至生涯事業的經營，也都如此。

八 本末顛倒

生活經驗豐富，
舉止自然得體；
缺乏實作磨練，
做事不免本末顛倒。
做家事的孩子，
每多精明能幹；
承擔責任的青年，
必有一番作為。

我們常可發現，生活周遭有的人處世得體，有的人則沒有章法。前者工作效率高，人緣好，生活也比較平順；後者做事無品質，人際互動障礙多，人生比較坎坷。依多年的心理諮詢經驗發現，那些無法掌握輕重緩急的人，通常在童年時較少參與家事，青少年時期又沒有磨練，因此做起事來缺乏整體觀念，先後順序難以順利銜接，以致顛三倒四，不知所措。

神經科學研究指出，童年能有多方面的經驗，包括肢體、語言、人際、美感和生活實作等，是大腦發展的環境。孩子有了豐富的環境，大腦皮質較厚，才能建構更好的神經網絡。神經科學家簡森（Eric Jensen）說，豐富的環境有兩個重要因素：其一是所學習的事物要有挑戰性，並具備新的資訊和經驗；其二是提供學習的方式能啟發孩子正確的回應，產生回饋和增強的效果。

學習的歷程就是體驗的不斷重構。人若能不斷接受新的挑戰，就能學習更多的經驗、思考和創意。這能豐富解決問題的能力，發揮更好的自我效能。

古諺所謂「少壯不努力，老大徒傷悲」。現在有許多人，童年時的生活經驗相當貧乏，只接觸到文字、知識的學習，以及網路上的虛擬世界，缺乏生活實作的歷練，接觸不到「生活現場」的啟發和挑戰。這樣的人看似知道很多，實際卻是光說不練、眼高手低，無法有效面對現實生活。這樣的教育將會造成嚴重的後遺症。佛陀在《百喻經》中說：

從前有一個商人，帶了兩個學徒，牽著一頭駱駝，出外做生意。駱駝背著綢緞和氈毯等珍貴商品，半路上卻死了，商人為了減少損失，便剝下牠的皮，以便日後出售。商人暫時離開現場，去找另一頭駱駝來馱負商品。離去之前，他告訴兩個學徒說：「你們要看好這些貨物，駱駝皮也要避免潮溼。」商人離開不久，老天就下起雨來。兩個學徒連忙拿綢緞和氈毯來覆蓋駱駝皮，以致貴重的商品淋溼，損失慘重。

佛陀在故事結尾指出：捨本逐末的人，會造成損失；不肯學習和思考的人，無法拿捏輕重緩急。

把握事態輕重緩急的技巧，是學習得來的。未經一番磨練，就會像這兩個學徒所犯的錯誤一樣，造成嚴重損失。聰明的現代人，是否也犯類似的錯誤，承受嚴重的損失和痛苦呢？值得大家反省和檢討。

九 為夫人換鼻子

決策與現實相容，
必能創造繁榮；
理性與感情失衡，
終致無所適從。
彼此理念相同，
就能和諧共榮；
人我利害不容，
呈現一片荒塚。

生活在今日這個資訊時代，常可聽到一句話：「系統不相容，所以無法連接。」這是普通的常識，但也是顛撲不破的真理。這個觀念，不只適用於資訊系統，即便在醫學的器官移植、管理制度的設計、行政策略的擬定等等，都必須考慮部門相容的問題，乃至個人生活調適，也離不開這個法則。

政府的行政措施，必須與立國精神、決策目標及現實環境相容，才不會造成鑿枘不入。比方說，這幾年大學數量快速擴充，許多高職和專科都改制為大學，然而這樣一味考慮發展高等教育，卻疏於顧及人口出生率下降，甚至未顧及國家產業結構、就業市場和人力分布等問題的結果，不但造成大學招不到足額學生的浪費，尤有甚者，就業市場與人力供需並不相容，而引致許多大學畢業生失業的現象。這就叫做政策與現實不相容，不但造成教育投資的浪費，更容易形成社會問題與不安。

不相容就是不搭嘎。當行動與現實不搭嘎時，就會有適應的困難，以及社會失調；處理不好時，會造成嚴重的損失。所以，政府施政最忌諱即興式的措施，政治人物也要避免臨場應允重大決策，以激情顯示自己的魄力，最後卻造成政策粗糙，配套不完全等問題。更要避免隨興拼湊，提出沒有遠見、部門之間不相銜接的斷層施政計畫。

個人的生活也一樣。消費與收入不相容時，就會陷入困境，舉凡卡奴、逃債客、信用破產人等等，都是不知節制、收支不相容者的下場。此外，當個人行為和表現，與其所扮演的角色不相稱或不相容時，諸如父不父子不子、長幼無序、行為乖張等，這些現象都會造成個人生活的不幸，以及家庭的困擾和社會的不安。

人的感情和理智不相容時，就會造成行為、思想和情緒的紊亂，導致精神分裂或異常。情緒無法與現實生活相容，就可能情緒失常，如憤怒、沮喪、憂鬱、焦慮等毛病。佛陀說了個故事：

從前有個人，他的妻子雖然貌美，不過鼻子不夠好看。有一天，他看到一位容貌美麗的女子，鼻子端正可愛，因此打定主意：「把這女人的鼻子割下來，裝到妻子的臉上，那就太好了。」於是他割下女子的鼻子，急忙跑回家說：「太太！快來！我為你換個漂亮的鼻子！」他二話不說，割掉妻子的鼻子，硬安上奪來的那個。最後，兩個女人都失掉了鼻子。

佛陀指出：輕舉妄動往往造成錯誤和失敗。沒錯，搶奪別人的鼻子已犯了重罪；強行裝上不相容的鼻子，更違反了相容的真理。

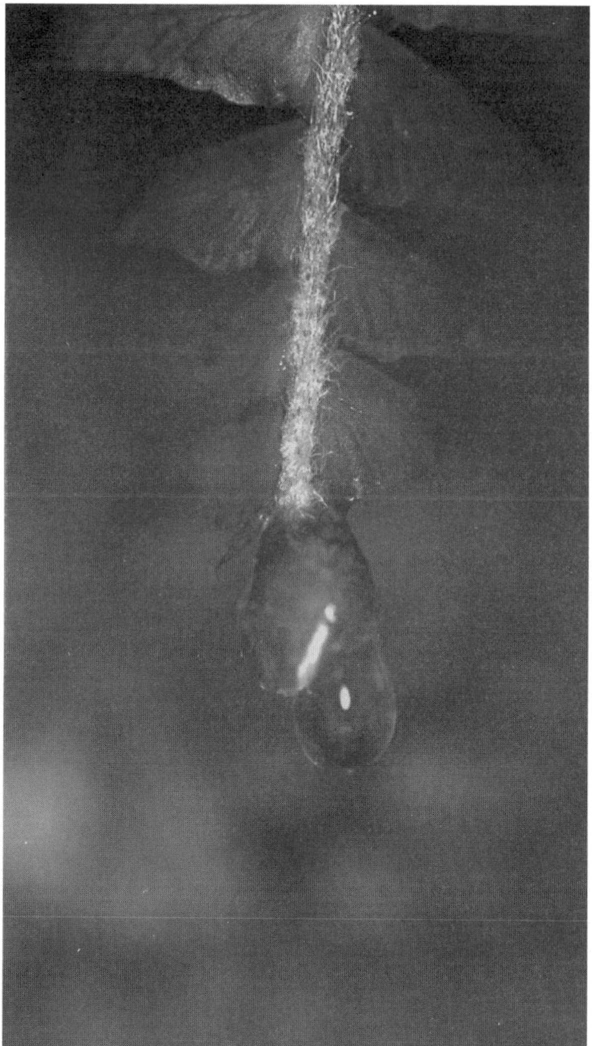

十 驢子本事大

從建設性看，
本事大，
創造的幸福就多；
從毀滅性看，
本領強，
毀壞的也多。
醒醒吧！
從光明面著眼，
會實在得多。

社會上有些人很愛批評，凡事都有意見，在他的觀念裡，好像不說些負面的話，不挑剔點什麼，就顯示不出自己的尊嚴似的。然而他們的發言看似義正辭嚴，卻沒什麼建設性；光會指責別人的不是，卻說不出該怎麼做才好。

善批評的人，在發表意見時，較能切中時弊，但也不忽略別人做得好的一面。更重要的是，他永遠站在積極、有建設性的這一邊，能面對真實，明瞭是非，著眼於該怎麼把事情做好。反之，挑剔者就只會挑毛病，甚至把好的一面也做惡意扭曲，缺乏積極貢獻的行動力。

佛陀指出，人生就是要做積極的貢獻，要面對真實，做出「利樂有情」的事。如果一味沉迷在消極的抨擊裡，那他的觀念和行動都會出錯。佛陀說了個故事：

從前有個婆羅門教主，要舉行盛會，大宴賓客，需要許多碗盤器皿，於是叫徒弟僱請窯工來製造碗碟。徒弟在路上遇見一個窯工，趕著一頭驢子，驢背上馱著許多陶器，要運到市集去賣。那驢子忽然失蹄跌跤，把背負的陶器摔落一地，化成碎片。窯工哭了起來，又生氣又懊惱。路過的婆羅門徒弟問他為什麼哭？窯工說：「我怎麼不傷心呢？這些陶器花了我一整年的時間才完成，今天要運去賣錢，不料這驢子頃刻之間，就把我一年的努力給砸毀了。」

這位婆羅門徒弟心想：「這頭驢子比起窯工要厲害許多，他工作一年的成果，牠只要一剎那就可以毀掉。」於是他決定買下驢子，騎著牠回去見教主。教主不解地問：「你為何不找窯工，而買一頭驢子呢？」他把上述的理由說給教主聽，並堅持自己的結論——驢子的本事比窯工大。教主聽了，連連搖頭說：「你真是愚蠢啊！驢子是可以在頃刻之間打破一年所做的陶器，但牠百年也做不成一件陶器啊！」

沒錯，有些人的思考總是被負面的觀念所牽引，於是有了許多憤怒和敵意的情緒出現。他看不出事理對錯，一味固執於偏執的想法，做出愚蠢的決定，或說出令人瞠目結舌的批評和責備。然而，這個負面思考的習慣，與其成長背景有關。

一個人從小若長期生活在被抨擊或責罵的環境下，長大成人後，其性格中的敵意和消極面就會比較多。此外，學校的教學若指責過多，糾正頻繁，學生受賞識、肯定和成功的經驗不足，亦易產生消極的性格特質，久之便缺少積極建樹的行動力，堅毅和耐力也不夠，對其生涯發展有較多負面的影響。

社會性格也是一樣的。如果輿論著墨的內容充斥太多負面的批評，疏於正向肯定和積極的建樹，日久漸積，社會信心的肯定性便會下降，樂觀積極的態度也會逐漸喪失，社會性格不免落入欲振乏力的消極面去。因此，我希望大家能多肯定做得好的那一面，這要比愛之深、責之切的痛批要來得正面、有幫助；而在指陳缺失時，要明析事理，提出評言和建議，而非消極性的發洩，這樣對個人與社會才具積極、有效的助益。

十二 礦師的眼睛

菩薩畏因，
他想種好因得好果；
凡夫畏果，
他想坐收現成，
卻忘了耕耘下種。
本末清楚者，
必有福報；
捨本逐末者，
惹禍上身。

每個人都曾被告誡過，不可捨本逐末，但卻有許多人照樣犯這個錯，導致人生的挫敗，甚至帶來悲劇性的災難。人的品格和思考能力是本，健康的身心是本，打好學習的根基也是本。把本顧好了，成績的表現、工作的報酬、人際的互動、婚姻的幸福等等，自然隨之而來。

本是因，末是果；本是人的心智發展，果是生活和工作的表現。人如果不在因地上努力，只憑在果位上操作，往往會弄巧成拙，不但得不到好結果，甚至會帶來禍害，釀成不幸。佛陀說過一個故事：

從前有一個人，經由他的研究和實務經驗，能觀察礦藏，一眼看出殊寶所在。國王知道這個專家，便對左右臣子說：「我要聘請這個人長住國內，幫我開發寶礦，讓國家富有，不希望他被別國所用。」有位臣子馬上答應去尋找這位專家。他尋尋覓覓，到處打聽，果然找到這位專家。但他沒有把專家請到國王那裡，卻把他的眼睛挖下來，獻給國王。他說：「我已經取得這位專家的眼睛，現在即使他到別處也無妨。」國王很失望的說：「我要的是這位別具慧眼的人來幫我開礦，拓展財富，現在你毀了他的雙眼，還有什麼用呢？」

在這則故事的後面，佛陀提示說：一個想要修得正果、成就菩薩善行的人，就要從許多學習和磨練中，開展智慧和慈悲的法眼，如果縱容於安逸和享樂，就等於挖掉雙眼一樣，再也看不見真理之路，而難以行動了。

時下有許多人深信，教育子女就是「不要輸在起跑點」，且誤以為越早學習讀、寫、算，就越會有好的成績和前途。結果有些孩子因為大腦尚未發展到一定的程度，就被迫學習其無法了解的教材。這樣揠苗助長的結果，反而造成厭學的現象，嚴重妨礙其生涯發展。學習的根本在於興趣的培養，並從成功的經驗中，取得信心和接受挑戰的動機。如果這個部分沒有得到發展，主動的終身學習就無所本了。父母師長的動機雖然是愛孩子，卻無異於障蔽了孩子的慧眼，令他看不清人生的道路該如何前進。

此外，我們也常看到有些人很擔心被別人冷落，或者請求別人幫助時害怕被拒絕，於是乾脆不與人往來，以為這樣就可以避免受傷，結果卻造成人際孤立，社會支持蕩然，反而引發情緒失常的問題。再者，有些人想要擁有美好的身材，卻不從運動、飲食、情緒、作息等根本處下手，而一味相信吃減肥藥或減肥餐，尤其是迷信偏方，結果減肥不成，反而傷害身體。

這類捨本逐末的事，值得所有人引以為鑑。唯有看清事理的根本，在根本上下功夫，在根本上解決問題，才是對症下藥的方法。

十二 愚夫討債

想清楚！
不要因小失大；
弄明白！
不可因噎廢食。
想一想！
真正想要的是什麼；
再思量！
該怎麼做才對。

一般人很容易思考一時打結，失去理性判斷，而犯下因小失大的錯誤。例如，原本不過為了小事爭執，彼此卻大動肝火，演變成動粗施暴，甚至造成人命財產損失。諸如此類的事，真是不勝枚舉。有的人知道檢討悔悟，及時打住不再錯下去，那已算是聰明人了；但有些人卻知錯不改，還要怪罪別人，說是不得已才這樣做的。

人如果不能明白事理，凡事為了面子爭到底，就會因小失大。夫妻之間，為了生活小事爭到底，就會傷害對方的自尊，產生敵意和憤怒，進而破壞婚姻，鬧得決裂仳離。在職場上，為了一時不快，或和上司意見相左，或跟同事立場不同，就氣急敗壞，僵持爭執，而不懂得協調，耐心尋求解決之道，就會失去創意和成長。佛陀說了個故事：

有一個人借給朋友五毛錢，很久未獲償還，因此決定長途跋涉去索債。路上經過一條大河，雇渡船用了兩塊錢。到對岸又找不到人，只好折回又花了兩塊錢。這樣空跑一趟，費時費力，又損失了數倍於債權的錢，真是因小失大，得不償失。

佛陀指出：我們不能因小利，而疏忽了人生的究竟義。對照現代的年輕人在職場上，為了不爽而走人的案例，已有逐年增加的趨勢。這些人不是因為有更好的工作挑戰而換工作，單純只是為了不爽。幾年下來，他面臨的是一蟹不如一蟹的局面，最後真的失業在家。因為許多用人單位在晤談找人時，都很忌諱進用這種遊走族。為了眼前的爽快或小利而動心，也是因小失大的主要原因。社會心理學家特吉（Jane Twenge）在討論Me世代的性格特質時指出：這一代的年輕人，普遍關心的是自己的快樂，這與上一代看重努力、勤勞、忠誠和關心別人的特質，在價值觀念上有明顯的不同。那些過度重視個人享受和快樂的人，通常有拈輕怕重的傾向，他們逃避磨練，規避現實，不肯吃苦，而讓自己陷於頹廢的狀態，因此失去開啟美好人生的契機。

根據我多年來的研究觀察，發現因小失大者，有個特殊的心理。其一是把小小的不如意放大，看成是嚴重的危機，做了不當的回應，而造成不可收拾的損失；其二是把小小的引誘，看成甘之如飴的快樂，於是身陷其中，迷失自己的方向。我為這個因小失大的心理特質，取名曰「小氣」或「小器」。

肆

陶冶安定心境

心境安定的人，情緒自然平穩，這不但有益健康，也能促進大腦的清醒。這些人的心智功能好，活得開心，工作效能亦佳。因此，佛學裡把安定的心視為如意的一部分，稱為「心如意足」。

要保持安定的心，首先要培養自律或自我控制，也就是對自己的情欲有所節制，對時間和金錢的應用把持得好。能夠自律的人，其心靈便能得到充分的自由，而創意與醒悟，則是心靈自由的產物。

一般來說，生活素樸不造作的人，心境通常比較平和，工作踏實有恆，較不會被虛榮所牽引，而流於虛浮不實。他們較能深耕易耨，打下紮實的基礎，保持良好的工作效率。

相對的，根據研究發現，個體尋求安逸和享樂，促成快感神經的活化，便容易成習成癮，擺脫不了它，反成為物欲的奴隸。許多人被安逸嬌養慣了，不但體能差，挫折容忍力不足，甚至易於陷入吸毒的窠穴。

一般人總以為是情緒決定想法，實際上卻是想法決定了情緒。你怎麼想就怎麼做，就怎麼感受。所以，你若是執著於懼怕和消極的態度，那便是情緒不安、焦慮和憂鬱的溫床。它會讓我們身陷煩惱，心思轉不了彎，在情緒上打個死結，因而容易陷入憤懣、悲怒和痛苦之中。因此，我們每個人都該學習樂觀的思考模式，保持安定的心境，才能開心地發展自己的生涯。

人的最大困擾和痛苦之一，是禁不起誘惑，從而陷入毒窟和罪孽的深淵，無法自拔。尤其是現代這個複雜的社會，充斥著許多誘惑，無論是名利或情欲，只要放縱自己，讓貪婪和色欲得逞，就會身陷其中，一失足而成千古恨。

此外，瞋怒則是心靈世界的野火，能燒毀功德之林。人一旦陷入瞋怒之中，很容易做出非理性的決定，或者造成暴力傷害，甚或自暴自棄。因此，每個人都要學習安定自心的功課，學習起碼的禪定，保持一顆如意的心，去覺照生活的道途。

隱喻的故事能契機應緣，讓我們產生共鳴，啟發清醒的心志，保持心境的安定，做到自律自制，形成內省和開悟的效果。進而活化思考創意，克服種種困難的挑戰，最終得到心靈的充分自由。

一　守門人

自律強的人，
自我效能高；
攝心好的人，
不受誘放肆。
自律如看門，
能防珍寶被盜；
攝心如牧驢，
要讓正念常存。

個人的生活適應，與其自我控制的習慣，有密切的關係。自我控制，就是佛家所謂的「攝心」。隨時注意攝心的人，不容易被欺矇引誘，情緒穩定，不致因欲望和衝動而出軌，內在的覺性和智慧自然流露，生活和工作效能自然提高。

人是透過感官來接觸外界環境，面對生活現實，收集資訊，產生情緒和情感，一併送到大腦的前額葉，再做成決策，並回應眼前所面對的問題。情緒和情感，是對過去類似事件所留下來的好惡、敵意或友愛、安全或危險等訊息的回應。因此很容易干擾現在的決定。所謂攝心，是指這個部分的審查過程，它就像一道安全門，保障不會出事。

此外，個體有許多身心需要，一旦所需的情欲、財物、權力和名譽擺在眼前時，就會產生誘惑，而起歹念，做出不該做的事情來。這時就像驢馬般奔騰起來一樣，很難駕馭控制。攝心就是繫住那隻狂野的驢馬，能為所用，但不讓它走失或失控狂奔。佛陀做了個比喻說：

古時候有一個人，要出遠門辦事，行前叮囑僕人說：「要好好看守門戶，照顧好驢子，繫好牠，免得牠跑掉了。」主人走沒幾天，正好鄰村來了個戲班，聽說唱作俱佳。僕人很心動，想去看戲，便把門板卸下來，把它綁在驢背上，牽著驢子去看戲。僕人心想，門和驢子都在身邊，一切都很安全，就放心的去看戲享樂。

結果，家中的所有財物，皆被竊賊盜得一空。主人回來責問究竟，僕人說：「你要我看守門、驢子和繫驢的繩子，這三樣東西都還好好的，別的我就管不了那麼多了。」主人很生氣的責罵僕人：「我叫你看守門戶，是因為屋子裡有財物；繫好驢子，是為了避免牠走失。現在財物盡失，你守著那塊門板有什麼用呢？」

這則故事，隱喻每個人心中都有寶貴的智慧和覺性，然而感官的大門卻很容易受利誘和威脅而疏於防守，以致清醒明智的思考和判斷流失。這好像家裡的大門敞開，財物被竊一樣。佛陀指出：人一定要看好感官的門戶，繫好貪欲之驢馬。如果縱情於貪欲，不肯好好攝心，煩惱就會入侵心靈，讓原有的智慧至寶，散失無餘。

自我控制差的人，才會感情出軌，演出婚外情，造成家庭危機和婚姻破裂，不只自身陷入苦惱，家人子女亦受波及。不能自律的人，在購物消費時肆意揮霍，入不敷出，舉債度日，成為卡奴。至於情緒控制差的人，則容易與人發生衝突，尤其是家人、同事之間，氣氛緊張，隨時都會爆發口角等各種不愉快。

現代人的最大痛苦來源，不是窮困，而是自我控制失調。這個攝心功夫，如果沒有好好培養，就會陷入煩惱，造成不幸的災難。

二 拿穀粉刷牆

自作聰明，
容易弄巧成拙；
故弄玄虛，
常使生活脫軌。
我執重的人，
必會明知故犯；
頑固強的人，
總在自鳴得意中犯錯。

我執是痛苦的來源，也是造作和作弄自己的禍首。人之所以會追求權力、虛榮和占有，無非被我執牽著鼻子走，聽從它的命令，去造作、炫耀和作奸犯科，而使生活脫離軌道。

我執越強的人，越想表現自己高明之處，以表示自己非等閒之輩。他們喜愛賣弄，自作聰明，缺乏實事求是的精神。因此常魯莽地做出草率的事情來，結果在生活和工作上容易弄巧成拙，不但得不到好的結果，還可能帶來莫大的損失。佛陀比喻的故事是：

有個人到朋友家，看到牆壁光滑美好，平整乾淨，便問朋友是用什麼材料，把牆壁整理得這麼美觀。朋友告訴他：「我就是用粗糠和泥土為材料，以水調勻，然後塗到牆上去，再加以抹平，等它乾了，就變得這麼美觀。」這個人心中想著，一定要把自家的牆塗得更美。他暗自盤想，用粗糠就可以把牆抹得那麼漂亮，那我用更貴的穀子，一定會更好。於是，他用穀子和泥土當材料，來塗抹自家的牆壁。結果，整面牆不但凹凸不平，不久還出現龜裂、甚至發霉。

人如果自作聰明，缺乏求真求是的科學態度，往往會造成差錯，導致損失或災難。於是佛陀指出：生活修持重在如實，異想天開或斷章取義，是無法修諸善行，成就事業，做利益社會的菩薩行。

我童年時，經常下田做農事。有一次家裡忙著種蕃薯，大人犁地構圃，孩子們負責栽植蕃薯。我一時失察，把蕃薯藤倒過來種。長輩發現時，已種植了一大片。除了口頭教訓外，也勒令拔起來重種，結果工作量變成原來的兩倍，令人不禁望而生嘆，卻也勉為其難，只好照做。不過我還是不信邪，心裡想著，反正蕃薯是匍匐在地的，無論是正是倒，種在地上都會活，於是我跳過一些地方，沒有完全重栽。才一個多月，偷工減料沒有重種的部分，生長緩慢，一望便知，因此又被狠狠地訓了一頓。事後祖父對我說：「我知道你不是偷懶，而是弄巧成拙。」這件事，到現在我還銘記在心。

與弄巧成拙相類似的，是顛倒行事，不依常理出牌，因而造成錯誤和困擾。佛陀比喻說，有個人到市場裡買了一塊很值錢的綢布。後來又購進一些雜物和蔬菜。於是他便用那塊珍貴的綢布來當包裹巾，包著混亂的雜物回家，還自以為很有創意。

許多人看了，都把他當笑話。一般人雖不至於做出這種傻事，但類似的事，還是經常在我們身邊發生。

三　為甘蔗施肥

甘蜜的溺愛，
長不出聰明才智；
過多的保護，
培養不出堅毅幹練。
養尊處優，
使心智貧血無力；
安逸享樂，
只會讓人兩腳發軟。

人不能溺愛自己，更不能縱容自己安逸享樂。人的心智才華，乃至胸襟品格，都是靠磨練得來的，因此即使有再好的天賦，若未經過磨練，仍然不會有所作為，其與成功快樂總是無緣。

最近我發現溺愛自己、縱容自己頹廢行徑的年輕人，有逐漸增加的趨勢。不少父母親憂心地對我說：「我念大學的兒子通宵達旦沉迷網路，白天就睡覺，整個學期大部分時間未到校上課，快要面臨第二次二一的命運。」另有些父母則說：「我的孩子迷失在打工、玩樂和購買昂貴的物品上。」或者是：「孩子的信用卡刷爆了，我不忍他受到打擊，只好為他償還，這樣一而再、再而三，真不知如何是好。」這些父母含淚哭訴，都希望我能告訴他們，該怎麼挽救這些年輕人。

近年我到上海等地演講，舉辦心理諮詢研習，有機會和對岸學術界人士交談，發現像這樣溺愛子女的風氣，在中國大陸亦有增加的趨勢。他們指出，實施一胎化以後，大家更寵愛孩子了。

這種現象，在美國亦方興未艾。他們檢討所得的結論是：孩子提早知性的教育，卻缺乏體驗或經驗的學習；跟大自然的接觸太少，腦力刺激不足，對學習產生不了興趣，以致不想讀書，而逃避到電玩遊戲或網路世界。縱容自己在裡頭討快樂，或墮入色情網站，無法自拔。這都是年輕人被富裕的社會嬌生慣養，缺乏現實生活的磨練所致。

不久前，我重遊南橫公路的青年營地，發現往日盛況不再，那些營地和建築，早已荒廢不堪。我私自思索著，年輕人的網路生活，顯然已經取代了戶外活動。這樣的變化，對年輕人的心理健康和價值觀，必然有所影響。佛陀曾說過一個故事：

從前有兩個人，比賽種甘蔗，看誰能種出又粗又甜的品種。其中一個人心想：「如果我用甘蔗汁來澆灌培養，甘蔗應該能甜上加甜。」於是照著去做，結果不但沒有種出好甘蔗，反而都長霉敗壞了。

這個故事指出：缺乏實事求是的歷練，一味享受優渥甜美的生活，不但無法創造新猷，反而壞了前程。

人不怕沒有機會，只怕能力不夠；不怕困難挑戰，只怕歷練不足。年輕人最大的困境就是不肯吃苦，溺愛自己，耽於享受生活的糖漿；縱容自己，讓安逸腐蝕志氣。這不但無法獲得成功，就連身心健康也將嚴重受損。

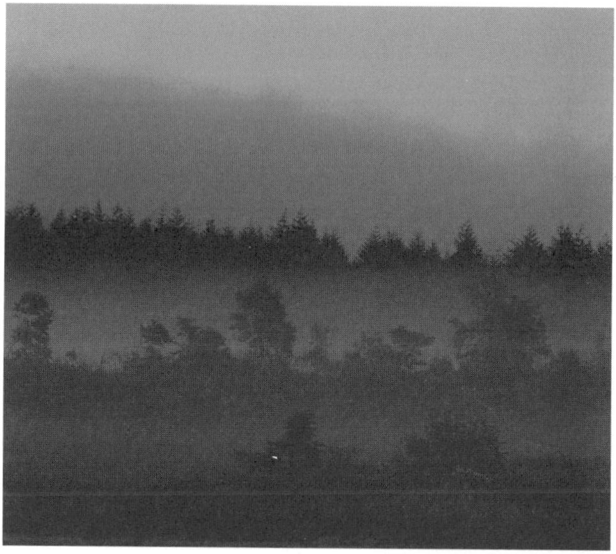

四 丟掉一群牛

追求完美，
必然令你氣餒；
不如實事求是，
最能發奮圖強。
悲觀的想法，
令人鬱卒消沉；
樂觀的態度，
帶來振作開朗。

有些人被一種錯誤的想法所困，他們抱著「不全則無」的觀念，把一切事物看成非黑即白，沒有全勝，即是全敗。習慣於這種消極想法的人，便會不斷的打擊自己，覺得生活黯淡無光，甚至覺得活著沒有意義。如果不如意的事接二連三而來，心情自然更加低落，最後便可能做出自我傷害或放棄的舉動。觀察那些自暴自棄的人，絕大部分都有這種負面的想法。

其實，思想是可以控制情緒的，誠如貝克（Aaron Beck）所說：「此刻的想法，使你有此刻的心情。」一旦你有悲觀消極的念頭，心情自然覺得鬱卒；相對的，如果你有積極樂觀的態度，心情就會開朗振作。佛陀說過一個故事：

從前有個牧者，將二百五十頭牛放牧在草原上。有一天，跑來一隻老虎，吃掉了一頭牛。牧者很難過，心想：「我的牛群少了一頭，已經不是一個整數，剩下的這些牛又有什麼意義呢？」於是他放逐了那些牛群，任牠們自生自滅。

佛陀在這個故事裡指出：我們做人做事，都要遵守應有的倫理和法律。偶然犯了錯，應該慚愧悔改，而不是自暴自棄，胡作非為。

我們要防備這種消極思想的侵襲。就心理學的觀點來看，「不全則無」的想法，是在不知不覺中蔓延開來的，最後變成消極的情緒和態度，完全控制人的心情，以致走向自我傷害之路。

我發現時下有些人便受這種錯誤想法所苦。他們初出大學校門，踏入社會工作，但由於過去受到的保護照顧較多，獨立奮鬥和承受挫折的磨練不足。因此在工作上稍不如意，便覺得無法承受，憤然辭職。如今工作機會僧多粥少，離職再找工作本來就不容易，若幾經應徵失敗，便更加沮喪絕望，甚至放棄努力，長期失業在家，心情必然憂鬱頹喪，更加無法振作。

不全則無的消極思想，往往透過幾種模式，逐漸形成。其一是眼光聚焦在消極的點，而無視於大部分美好的層面。正如同那位放牧者一樣，看到死了一頭牛的悲傷，卻看不到還有偌多牛隻存在的價值。其二是把少許的失敗與瑕疵，放大好幾倍來看，令其具有威脅性；把有價值的大部分，縮小甚至從心中消失，而造成強烈的不安和焦慮。其三是自我引咎，認為都是自己的錯，自己無能，以致造成過失，別人會看扁自己，乃至完全的自尊受損。這三種思考模式一旦變本加厲，便會陷自己於憂鬱、自我傷害或自暴自棄的心境，不可不慎。

五

偷牛賊

不肯認錯，
哪來改過還善；
強辯硬拗，
心理必然失照。
官能症的人，
總認為罪在自己；
性格異常者，
總認為錯在別人。

不認錯是一種嚴重的執著，它不但使人無法改過遷善，還會進一步藉種種理由，自圓其說，製造更多的煩惱和業障。畢竟謊言掩蓋不了真相，被揭露出來時，已是連續錯誤，衍生更多苦痛。

人不肯認錯，有許多理由。有為逃避責任，有為圖謀利益，有為保持顏面，有為不知廉恥。然而不管理由是什麼，不肯認錯者都知道自己已經犯了錯，就是擺明硬拗，想從中謀取好處，或為逃避責任。然而犯錯的事證，總在眾人面前漸漸揭露，看在大家眼裡，又是何等羞愧！

人的大腦思考歷程，現在用核磁共振儀（MRI, Magnetic Resonance Imaging）就可以看到它的運作狀況。思考運作是不可以出錯的。然而那些死不認錯的人，會把大腦運作扭曲，形成錯誤的迴路，帶來一錯再錯，甚至不知自己在犯錯的情況，因而危及思考的正常功能及判斷。

知錯不肯改，會抑制清醒和覺察力，形成思考、感情和情緒的障礙，造成人格偏失，帶來業障。因此，我們不該把過錯隱藏起來，要懺悔改進，避免一錯再錯，陷入惡趣或邪惡。

用現代神經科學的觀念來看，就是要保持大腦功能的正常，避免植入錯誤的迴路，以免誤了自己，或貽害周邊的人。佛陀說了一個發人深省的故事：

一個村莊裡的一群村民，共同偷了一頭犛牛，把牠宰殺吃掉了。失主追查，找到了許多證據，由村長陪著質問村人：「犛牛是否在你們村莊？」村人說：「我們沒有村莊。」失主又問：「你們村莊有個池塘，就是在那裡把牛殺了吧？」他們回答：「我們沒有池塘。」失主又問：「池邊有一棵大樹，你們就是在那裡把牛殺了吧？」偷牛的村人說：「那裡沒有樹。」失主再問：「你們偷牛殺牛的地方，就在村莊的東邊，不是嗎？」他們硬拗說：「我們沒有東邊。」失主又問：「偷牛的時間剛好在中午，不是嗎？」他們又硬著嘴巴說：「我們沒有中午。」

村長已經聽不下去，說：「依你們所說，沒有村莊，沒有池塘，沒有樹，你們要湮沒證據，或許可以抵賴。可是天底下哪裡會沒有東邊，沒有中午呢？所以，你們都在說謊，不可信。失主收集的證據就在眼前，牛一定是你們偷走宰殺的，是不是？」村人眼見事證確鑿，知道無可抵賴，只得承認偷牛的事實。

故事末尾，佛陀指出：要勇於認錯，虔心懺悔，才能走向光明的大道。死不認錯的人，沒有機會讓腦功能正常運作，於是一錯再錯，直到把自己大好人生斷送為止。知錯能改，則能讓大腦功能更加清醒，更有智慧地去面對生活，迎向成功的人生。

六 迷戀吃藥

疑心病者，
往往因藥成疾；
野心人家，
最易顛倒是非。
常態教育，
才德自然發展；
催促惡補，
反而壓垮身心。

這社會上許多人有依賴藥物的習慣，他們把藥當食物吃，把自己當病人看，忽略了正常的飲食、作息、運動和交友等身心健康活動。於是因藥成疾，吃出副作用的人，真是屢見不鮮。

同樣的，在教育上也發生類似的問題。現在有不少父母忽視學校正常教學、多元智慧的啟發，乃至品格的陶冶。一窩蜂地把孩子送到補習班惡補，或學習各種才藝，讓孩子從小就忙於趕場，天天進補習班、才藝班上課。這樣的結果不但讓他們身心俱疲，精神耗竭，而且讓最應該學習的社會適應和待人接物等，都以不重要為理由而被忽略了。於是讓孩子們只得到了死的知識，缺乏正當的生活磨練和經驗。難怪有不少大學畢業生得了一種怪病：除了念書之外，不會生活，也不肯工作。

我們的文化裡，有著愛吃藥的流行意識，所以在教導子女時，喜歡下猛藥。他們諄諄告誡孩子：不用功會走投無路，考不好就沒面子，沒上名校就會很遜。他們平常疏於肯定孩子的優點，以致孩子信心和成功經驗不足；很少事前指引，卻著重在事後的指責和告誡。這些方法都像吃藥治病一樣，無法培養健康的身心。佛陀說了個故事：

從前有個人觸犯國法，被罰鞭打，受傷很重。他採到一種草藥，可以醫治傷口，所以很快就痊癒了。有個愚蠢的人，聽說那種草藥的神效，心裡非常歡喜地想：「我已得到治傷的好藥方！」便立刻跑回家，對兒子說：「你快拿鞭子來重打我的背，我有治傷的好藥方，一定靈驗。」由於父親的堅持，兒子只好揮鞭重打父親成傷，打過之後再敷上得來的藥方。

在這個故事之末，佛陀指出：不能用對治習氣的方法，來替代善法的修持。不善用藥，因藥成疾，不修善法，反增業障煩惱。

你一定覺得，這個鞭打自己再療傷的事，是愚不可及的。但事實上，我們周邊卻常可看到類似的事件。有些人不自覺的想嚇孩子要用功，於是動不動就拿孩子跟別人比較，勝敗憂喜形於色。久之，孩子便會形成焦慮性格，或者發展為焦慮失常。又有些父母求好心切，要求過高，孩子無法達到他的要求，漸漸形成沮喪和無助的情緒。

從實務工作中發現，許多人有著嚴重的不安，因此轉化成防衛機制的行為。例如有些人，整天防著配偶外遇或做些不利於己的事，於是每天追蹤、盤查和疑問。結果婚姻生活就像被鞭打成傷一樣，不但無法幸福美好，反而生活在防衛的藥方之中，只顧吃藥療傷，卻忘了經營快樂豐富的生活。

我們的社會也一樣，天天瀰漫在互相批評、指責和政治惡鬥之中，就像吃了太多治病的藥，而忽略了豐富營養的正餐。適度針砭固是良方，但是偏愛用藥的心態，會使社會性格扭曲變質。

七

受騙的牧羊人

受騙的人，
必有受誘的心機，
才會一拍即合，
上當受損。
情欲財利，
未必招致受騙，
關鍵心理，
在於自己失察。

安定清醒的心，是創意和明辨是非的根本。神經科學研究發現，安定不但能提高直覺，更能提升決策思考的品質。因此，保持安定清醒的心，對生活和工作能產生較高的效能；對人生的看法，能形成結構性的意義和價值觀，有助於發展積極的生活態度；對於創傷和挫折，有較好的耐受性。

人的心本來是安定清醒的，但一遇到懼怕就會不安，拿自己跟別人比較就會緊張，執著於名利情欲便起焦灼，而最嚴重的不安則是禁不起誘惑。誘惑的來源包羅萬象，舉凡生存所需要的情欲和名聞利養，都會是強烈的誘餌。許多人受到詐騙集團之害，就是禁不起誘惑而來。

誘惑的伎倆，是透過誘餌，讓個人失去理智，或違背良心和公義，去做不該做的事。這容易使是非顛倒，行為錯誤，造成嚴重損失。佛陀說的故事是：

有一個牧羊人，他善於豢養經營，擁有成千上萬隻羊。不過他卻小氣貪婪，不肯結緣布施，不願修習善法。有個騙徒以甜言蜜語跟他做朋友，親如兄弟。有一天，騙徒告訴牧羊人，願意為他介紹姑娘當妻子。牧羊人很高興，就給了他許多羊和財物。過幾天，騙徒佯稱那位姑娘已同意婚嫁，又騙去了一些羊和財物。再過幾天，又說未婚妻子已經生下兒子，牧羊人更是高興，再給了他許多財物。又過幾天，那人來告訴牧羊人說：「你的妻兒已經死去！」牧羊人聽了號啕大哭，悲痛不已。

一般人一定不相信，世上怎麼會有這麼傻的人，如此輕易地聽從胡言騙語。事實上，就拿現代人來說，被金光黨或詐騙集團誘騙者，無非一時貪念，或一時慌亂不安，才會造成悲劇，而這類騙誘每天都在發生，我們從新聞報導上便可得知。引誘，是歹徒操作人的貪婪習氣；詐騙，是利用人們不安和失察的弱點。受騙的悲劇，是在被誘或受威脅時，心理產生嚴重的不安，因而失去清醒的思考和回應力所造成的後果。因此，佛陀在這則故事裡指出：一般人若不肯學習善法，就會執著於種種欲望，造成不安受騙，失去自性中的智慧，而變得病苦悲悽。

我們很容易受到誘惑、受到欺瞞而失察，從而顛倒是非，陷於厄運。人生是一個不斷做出判斷、做出抉擇的歷程，一旦失去清醒的思考和安定之心，就容易一失足成千古恨。因此禪宗講求「外禪內定」，外不被境界引誘所牽，內就能保持自心的安定。這就是禪定的意義，也是人生成功幸福的保證。從禪宗的修行來看，定與慧是分不開的，故云「定慧等持，意中清淨」。

我們不是只有世間生活需要定與慧，而是要在日常行持中養成定力和慧力。就佛家的說法，即使到了生命的終點，進入中陰身階段，還是要保持不受誘騙的定力，才不會因為受誘惑而墜入三塗（餓鬼、畜生、地獄）的痛苦世界之中。

八

我沒有魯莽

瞋心如火，
能燒功德之林；
恨心如毒，
可毀幸福人生。
寬恕是良藥，
能解敵意沉疴；
慈悲是春陽，
普照生涯美景。

憤怒的背後，隱藏著一個鮮為人知的心結，那就是敵意。它是一種對立、防衛和焦灼不安的心情。敵意往往潛入「自己」的意識裡，因此很難察覺。激化的敵意在發作成為怒火時，總是有藉口，以致有許多人假正義之名，向對手以語言或肢體的方式做激烈的攻擊，進行瞋怒或暴力的行動。當然，敵意也可能對自己發作，讓怒火朝向自己，進行自我傷害的行為。

敵意影響人際關係最為深遠。敵意高的人，不但容易與別人衝突，而且得不到人際溫暖和支持，於是人際網絡漸漸縮小，社會功能萎縮，在惡性循環之下，挫折感和敵意又隨之增高。

有研究指出，社會支持網絡小的人，死亡率高於社會支持網絡大的人近二倍，罹病率也高出許多，例如感冒，其差距便高達四倍。心理學家盧賽克（Linda Russek）從一九五〇年代開始，追蹤大學畢業生長達數十年之久，發現他們與父母之間缺乏溫暖關係者，在壯年之前有百分之九十一的人罹患心臟病、潰瘍、酒精中毒、高血壓和氣喘等慢性病；與父母關係溫暖者，則只有百分之四十五的人罹患這些疾病。

美國也曾經做過調查，發現敵意比較高的州或城市，其健保成本也比較高，顯然敵意與健康有密切的關係。此外，敵意對婚姻生活品質則有決定性的影響。敵意少、友愛多的配偶，彼此互相陪伴，融洽交談，互相關心、體貼和分憂，他們的健康也比較好。反之，婚姻生活有較多衝突者，身心健康通常大受影響。

所以，幸福的人生在於控制敵意和發展友愛。然而，想要控制敵意，就得對自己的怒火有所覺察，才能有效控制，化戾氣為祥和。佛陀說過一個故事：

有幾個人在屋子裡談到某甲的品行。有一個人說：「他什麼都好，就是容易動肝火而魯莽行事。」這時某甲恰好從那兒經過聽見了，便大動肝火氣憤衝動地叫罵說：「我什麼時候動肝火？什麼時候行事魯莽？拿出證據來！」當場許多人對他說：「你現在的舉動，就是在證明你的怒火和魯莽了。」

佛陀用這個小故事告訴我們，要能覺察自己的過失，虛心接納別人的意見，改過遷善，敵意和憤怒之火才會熄滅。

敵意很容易發展成憤怒和瞋火。《佛遺教經》中有云：「瞋心甚於猛火，常當防護，無令得入。」每個人都該消除敵意，熄滅瞋火，這樣才能發展愛心，創造幸福健康的人生。

九 爐上糖漿

煽情之事，
令人神魂顛倒；
利欲薰心，
必令自己發狂。
清醒著些，
就不會醉倒不起；
自律一點，
眼前就是光明坦途。

近幾年來，怎麼獲得快樂的生活，已是大眾討論的話題。無可諱言，誰都想要快樂；希望生活快樂，工作快樂，學生在學校裡學習快樂，社會上各行各業都快樂。

追求快樂是一件好事，但快樂一旦被誤解成快感，或享受快感的刺激，就有可能產生心理困擾，甚至造成嚴重的心理疾病。

我們大腦的邊緣系統，有個部位叫快樂中心，如果經常用快感（如毒品、酒精、色情等等）去加以刺激活化，它就會釋出多巴胺，令人感受到娛悅或如痴如醉的快感。然而，一旦這個習慣形成，沒有滿足它時，就會有戒斷現象，令人全身不安。

就拿吸毒來說，快樂中心被刺激活化，不久就會成癮，逃離不開毒品的控制。沒有它，就會全身不舒服，只得逼著自己去尋找毒品來刺激，甚至不擇手段，去做犯法的勾當。同樣的，酒精與色情網站和A片的撩人刺激，都有相同的效果。

在最近的晤談經驗中，發現網路成迷的年輕人，有些是中學生或大學生，有些則是年輕的社會人士。他們表示，實際上並非那麼喜歡網路，而是透過網路上的色情圖片或A片來引發性幻想，乃至成為一種癮頭，難以戒除。

色情業者更利用這個需要，提供各種影片和道具刺激，把這些人的胃口養得更大。而人們特別是在空虛、壓力和情緒低落的時候，更會尋求這類的快感和幻想，繼而衍生出過度自慰、尋求援交，或產生觸法的行為。這些人如果是學生，有可能成績低落或中輟；若是成年人，有可能成為無法上班的尼特族。

我誠懇的呼籲，對於毒品和酗酒，以及流連於色情的人，一定要及時抽腿，懂得自制，勿陷入其中，以免斷送美好人生。激化快感的事物，都要及時痛下決心擺脫才好。佛陀說過一個比喻：

從前有一個人為了招待一位上賓，他特地煮好一鍋可口的甜湯。為了讓甜湯快速冷卻，就用扇子在鍋子上，努力的搧風，結果爐子的火勢越來越烈，湯不但沒有變涼，反而被燒焦了。

佛陀用這個比喻告訴大家，對錯誤的欲念和享樂，要及時釜底抽薪，才能免除受害和煩惱。

快樂是努力完成該做的事，所產生的成就感和滿足感，它是藉由努力而所得來的成果。然而享受快感，卻是直接刺激活化大腦的快樂中心，它會成癮，像搧出烈火一樣，星星之火可以燎原，因此而毀掉幸福的人生。

十 警覺的烏龜

生活周遭，
有許多陷阱誘惑，
憑著清醒覺察，
才不會溺陷其中。
平常際遇，
處處都有善緣，
看清楚它，
就能找到幸福家園。

人的能力、情操和氣度，都是透過行動而表達出來的。人用自己的眼、耳、鼻、舌、身、意六根和六識，來創造福報，領受生活的喜悅，以及追求生命的意義和價值。它是自我的工具，自我實現就在六識的活動中展開。

這六根六識如果運用自如，生活適應與工作表現就能順利推展，內在的智慧和潛能也就得到開發。因此，培養六根六識的活潑效能，不被物欲和偏見所欺矇，是人一生中很重要的修持。

有一次我到美國加州西來寺演講旅行，空閒時就在佛寺裡散步跑香。朋友看到優美的寺院庭園裡擺著一隻石雕的烏龜，便問：「佛寺裡擺設石雕烏龜，不知其義如何？」我轉問其他人，看看有沒有人知道答案。結果大家都把目光投向我，等待著我的解釋。於是我引用《阿含經》中，佛陀所說的故事：

有一天，有隻烏龜正從容地往大海爬行，牠伸出頭仰望，用四隻腳爬行，後面拖著尾巴保持平衡。霎時間，出現了一隻野狗，衝過來想吃烏龜。烏龜警覺到危險，便收起四隻腳，把頭和尾巴一起收在硬殼裡。野狗咬來咬去，動不了牠，只好悻悻然離去。野狗遠離之後，烏龜又伸出頭、尾和健壯的四隻腳，繼續往前邁進。

佛陀用這個故事，比喻我們為了實現人生，每天使用六根和六識來締造幸福和法喜。但是六根六識一旦遭到引誘和構陷，就會陷入錯誤的想法，如敵意、貪婪、嗔怒、我慢等等，因此要懂得收斂才行。

此外，《涅槃經》裡另有一個盲龜浮木的比喻：

一隻盲龜本來住在大浮木的洞裡，一日被風浪打散以後，便在大洋裡漂流，再也找不到浮木。有一天，奇蹟似的浮木又出現在身旁，盲龜正巧又爬進那洞裡，這是多麼難得的機會啊！

佛陀指出：一般人的心識，就像在識海波濤中漂流的盲龜，現在已經找到了覺悟木筏，就該好好的珍惜慶幸。

每個生命都是用根識來營生，然而要警覺的是：若耽溺於美色、美味和安逸，一旦貪婪成性，就會陷入危機；若見不得別人好，記掛仇恨，怒火中燒，長此以往，就有諸多障礙；若分別彼此，挑撥離間，甚至操作族群對立，就會有嚴重的災難和危機。所以我們既要用根識，也要收斂根識，這便是覺悟。

幾年前，在佛光山所舉辦的佛學研討會上，來自斯里蘭卡的法師，送給了我一隻磁土的烏龜，尺寸約巴掌大，龜腹裡裝著紅茶。茶代表清醒，龜體代表珍惜佛緣和修持，我很珍惜地將它放在佛桌上，以此警醒自己。

十一 傻子受苦

健康快樂，
任由選擇，
直須承擔負責，
隨處順利可期。
幸福生涯，
自己定奪，
念念清醒，
無入而不自得。

人的不幸福或不快樂，往往是自己所想所為，而非環境本身造成。個人的想法，正是自己的宿命。想得對，做得好，能回應生活的現實，那就是幸福；反之，就是痛苦。因此，許多心理學家都提出警語說：你是自己最大的敵人。

心理學研究指出，快樂與健康是自己決定的，關鍵在於能否掌握真實，做正確的回應。也就是說，如果我們對自己的現實採取逃避或放棄的態度，那麼厄運和痛苦便將隨之而來；如果我們態度積極，正視自己的現實，做該做的努力和承擔，通常就能解決問題，改善生活，得到喜樂與自在。佛陀在《百喻經》中說：

從前有一個禿頭的人，路人看他光頭好捉弄，就拿起籃子裡的梨子，一個接一個往他頭上投擲。禿子被打得頭破血流，卻默默承受，沒有抵抗，也沒有避開。有人看了提醒他說：「你為什麼只站著挨打呢？如果你不敢回手，也應該避開才對呀！」禿子卻說：「那個人愚痴不講理，把我的光頭誤認為是一塊石頭，可以隨便用梨子投擲，終於血流如注。這種愚痴的人，我對他實在莫可奈何。」那人回答：「你真是笨得可憐！難道別人打你，你只站著不動，等著自己頭破血流嗎？」

佛陀用這個比喻，來說明以智慧和行動回應現實的重要。人的幸福生活，是操之在自己的手裡。當個體發展出消極的思想，就會不自主地認為「我永遠不會成功」，從而悲觀和沮喪，甚至放棄應有的努力。當一個人發展出敵意，就很容易產生憤怒和暴力的行為，甚至造成嚴重的衝突，而陷入困境或身繫囹圄。所以，敵人不在外，而是在自己的心中；魔鬼也不在外，而在錯誤的心境裡。

有一位妹妹陪著姊姊前來晤談。妹妹是單親，靠著為人幫傭打零工，把兩個孩子帶大，面龐上浮現的是堅毅和愉悅。她所關心的姊姊雖然家境富裕，卻過著憂鬱煩惱的日子。因為姊姊凡事擔憂，都從負面的想法著眼，幾乎每天都陷在憂愁的情緒裡。很顯然的，負面的想法就是她最大的敵人。

心理學家傑斐（Dennis T. Jaffe）認為，想扭轉這種自我毀傷的生活態度，就要從自覺開始，看清楚眼前的現實，做自己能做的事，快樂就會延伸開來。他特別提出自我控制的技巧：要關心自己的身體，身體調適得好，心情自然跟著好起來。他說，那些疲累不堪的幹部，或承受壓力的人，都必須要透過自覺來調整想法、作息和飲食，以確保快樂和健康；放棄這個自我保護行動的，就是不自愛。

人要當自己最好的朋友，在心情低落時，要警覺到：乾煩惱有害無益，不如反省一下，做一些自己能做、且有益於現實的事，並請常自我提醒：別做自己的敵人。

十二　烈火盆水

猶豫不決，
矛盾耗神，
必然坐失良機。
清醒抉擇，
篤實力行，
必能明快機先。
當斷不斷，反受其亂；
清明果敢，氣定心閒。

一般人的心理困擾，大部分是矛盾心結所造成的。什麼是矛盾心結呢？當你想要這樣，就不能那樣，可是兩者都是自己的最愛；你得到這個，就會失去那個，可又無法兼而有之，這就是矛盾心結。

會陷入矛盾心結的人，通常是欲望過多，無法自我控制，未能做出正確的選擇，於是陷入紊亂的心情，造成萬般徬徨和無奈。

觀察有感情糾紛的夫妻，大多由一方外遇所引起。外遇者沉迷在新的感情裡，除了愛慕不捨之情，更背負著「不能辜負」的良心譴責；相對的，對自己的元配和家庭，一樣有不忍割捨的道義和情分。因此，婚外情總是偷偷進行，暗度陳倉，直到被發現，水火不容之事才浮上檯面。最困苦的事情是，夫妻都很膠著，愛恨沸滾於猶豫不決，傷痛糾結卻不能自拔。所以，想要腳踏兩條船的人，最好看清楚、想明白，不要陷入矛盾的泥淖裡，這樣只會自討苦吃。佛陀說：

有個人在家中做事，他需要火，同時也需要冷水。於是他在爐子上起了火，等著備用，又用鍋子去裝水，卻把它放在熊熊火焰的爐子上。他想著：現在火和水都準備好了。於是先去忙點別的事。過了一會兒，他要用火時，火卻被沸騰的水給澆熄了，無火可燒；他要去拿冷水，水卻被燒得滾燙，無冷水可用。

人必須學習避免落入矛盾情結中，因為它很折騰人，帶來的傷痛和紛擾極為強烈。所以我們無論在事業、感情、欲望或友誼等方面，都要懂得避開矛盾，保持清醒的思考，做果斷的抉擇，才能避開紛擾，免於傷痛和損失。

人如果每事都猶豫不決，那就應該是他已經把矛盾情結擴大成他的性格特質了。這是因長期的猶豫，加上畏首畏尾的焦慮，而陷入矛盾的困頓，對於想做的事裹足不前，對於該做的抉擇拿不定心意，於是變得無奈和沮喪，這就是憂鬱的根源。

在我們日常生活中，很容易會碰到「做這件事或那件事」的選擇，也會遭遇「要／不要」的定奪。因此在你做決定之前，要看清楚，要清醒篤定，不要被矛盾情結所困，這才能在繁複多變的社會中，活得幸福快樂。

伍

啟迪穎悟智慧

現代人的生活處在忙碌、競爭和追求效率的現實社會裡，普遍地為了成就和競爭，強制自己過度工作，以致大家忙得忘了悠閒是什麼，生活變得枯燥乏味，快樂反而成為一種奢侈品，心靈世界被扭曲擠壓成勉強的樣態。這樣長期折騰的結果，受情緒困擾的人逐漸增加，焦慮和憂鬱已成為一種現代文明病。

我們的生活態度是急切的，凡事講求速成，吃東西狼吞虎嚥，也沒耐性自然入眠。這樣的急驚風態度，讓人心浮氣躁，失去穎悟的心。人際關係日漸淡薄，彼此互動疏離，鮮少貼切的人際支持，生活品質因此日漸粗糙，只剩下相互提醒和苛求，難得愉悅細活。許多生活適應困難、心理失常的個案，似乎都與浮躁的文化有關。

就因為這樣，我們越需要重拾從容和悠閒，在寧靜和慢活中，讓心靈能喘口氣，做個深呼吸。學會騰出時間，停下腳步，得到一些穎悟的心思和心境。讓自己活出一點味道，找到一扇開朗的心窗，領會一點悟性之美。

就原始心理情結而言，競爭的心態，總涵藏著你勝我敗的危機意識。固然，我們大力提倡雙贏的觀念，但高下之心，較勁之情，總還是藏在我們的潛意識裡，強烈地翻滾催逼著自己。這時，很容易便產生敵意和對立的情況。這不只是在政壇上黨派對立，傾軋不止，即使恩愛夫妻和兄弟手足，只要陷入競爭的泥淖，都會萌生敵意。如今，敵意已經成為健康的殺手，更是社會動盪不安的首要因素。因此，化解人與人之間的敵意，打開人性友愛的光輝，便成了首要的工作。怎麼化解呢？透過隱喻的教導與諮商，應是很有效的辦法，因為它能引導我們為彼此的處境設想。

穎悟的智慧，帶動創新和思考，是知識經濟時代，人力資源的基礎。人必須在努力過後，保持一點悠閒，才能從原有的經驗基模中跳脫出來，形成創意，有新的發明。給自己一點悠閒，不只在工作上容易有脫穎而出的表現，在生活上，也比較能產生自發性的喜樂，有益於生活品質，維護身心健康。

人際互動較好的人，感受到的親密和支持較多。這不但有著溫暖和安全感，更能形成意見交流，腦力激盪。研究指出，人際網絡大的人，不但免疫力好，不易受疾病感染，而且在創意和新知交流上，也表現較佳。

此外，人畢竟有生命的大限，所以要洞察生命的意義，才能活得自在，感受到生命的價值，在精神生活上懷抱著希望和意義。當一個人參透了生命的終究義，知道自己該怎麼生活時，就有著安身立命之感。

一　愚人吃鹽

過度勤奮，
變成工作狂；
玩物喪志，
墜入徬徨；
利欲薰心，
叫人心發狂；
心識清雅，
謹慎中道，
人生最能發篁。

生活是一個整體，既須努力工作，也要培養喜樂和價值感。心理健康的人，懂得把握協調性，除了勤奮工作外，同時也是一位有興致、有生活藝術的人。他們游刃有餘，在忙碌中保持了悠閒與樂趣，居家時有人倫之樂，待人接物有愛與親切，不會把所有心力只放在工作上。

然而，這是一個過度追求功利價值的時代，普遍相信成就和功利是唯一發展自尊的來源。於是，為了成就和競爭，有些人便強制自己過度工作，生活在緊張和枯燥之中，甚至發展成負面情緒，影響身心健康，破壞生活品質。

一心想出人頭地的人，若達不到預期目標，就會變得沮喪、鬱卒、心情低落，這是很容易演變成憂鬱症的。根據最保守的估計，總人口中有三分之一有這種傾向，他們在受到比較大的挫折時，有可能發生憂鬱症。

另一種人則是長期受功利驅使，強制自己工作，他們固然有成就感，但汲汲於營求，加上焦急的個性，便會造成長期緊張和壓力。他們甚至受到焦慮的折磨，導致健康受損，罹患胃潰瘍、高血壓、心臟病及糖尿病等慢性疾病。此外，過度追求功利也會造成生育率下降，讓倫常之樂崩解，家庭功能解組，不但嚴重妨礙幸福和健康，也將危害國家社會未來的發展。

我們固然需要功利，從中營造部分自尊和面子，但它很像食物中的調味料，如糖、鹽和味精一樣，只能加味，不能拿來當作主食；純吃調味料不但無法入口，亦有害健康。佛陀曾說過「愚人吃鹽」的故事，對現代人很具啟發性。他說：

從前有個愚人，到朋友家作客用餐，由於菜的味道太淡，主人就在上頭撒了一點鹽，味道果然變得鮮美。愚人心想，加一點鹽味道就變好，單單吃鹽一定更可口。於是向主人索了一大把鹽，一口吃進嘴裡，卻鹹得受不了，只好痛苦地吐了出來。

所以說「鹽味雖美，空食致患」，真是過猶不及。生活是人生的主軸，勤奮工作，造福營生，自是應當。如果功利掛帥，只顧競爭和追逐，不顧生活其他層面，缺乏優游協調的平衡，那這跟愚人吃鹽沒什麼兩樣了。這不但帶來痛苦，傷害身心健康，讓我們的智慧和潛能受到抑制，甚至連工作的創意和效率也會下降。

功利的價值，過猶不及，都會為個人和社會帶來危害。因此，在我們發展經濟的同時，也要重視人性和生活品質，那才是健康文明的發展。

二 名醫採藥

涓涓細水，
可以匯成大河；
累積跬步，
可以致千里。
才華來自累積經驗，
事功非一蹴可幾；
毅力來自蓄勁，
成就由於努力。

人的身心成長是整體的，也是多元的，須假以時日，有足夠的歷練和學習，才能展現健康、品格和才華。

學習一門專業，是有次第的，要經過一番磨練，打好基礎，必須在實務與研究中，長期下功夫，才有卓越的成就。經營事業也一樣，需要長期努力，累積經驗，研究發展，才能一展鴻圖。心理學家布魯姆（B. S. Bloom）研究發現，一個人要在某一個行業或學術領域有傑出的成就或貢獻，平均要經過十七年的努力。

生活在這個科技快速進步的時代，生產技術日新月異，產品不斷翻新，市場金融更是變化莫測。我們若想要在生活和工作上調適得好，平常就得多用功，長期努力，而非僥倖速成。為了勉勵大家在能力和德行上，漸積努力，佛陀說了一個故事：

從前有位國王，生了個女兒，很受他的鍾愛。她希望女兒立刻長大，於是延請一位醫生，問他有沒有什麼藥方，可以讓女兒吃了立刻長大。醫生說：「良藥是有的，但要到很遠的地方去採。我想請國王答應一個條件：採藥期間，您不能去看公主。等我回來給她藥吃之後，您才可以去見她。」國王答應之後，醫生也遠行去採藥了。事隔十二年，醫生採得了藥給公主服用，並帶領公主去見國王。國王見公主果然長大成人，非常高興地讚美這位醫生，並賞賜給他很多財寶。許多人都笑國王無知，竟然不懂得算算公主的年齡。成長是日積月累得來的，不是服藥頃刻出現的。

聰明的現代人，可能會說我才不會像國王那樣笨哪！事實不然，我們仍然經常陷入急就章的錯誤。比如說，孩子的成長必須在進入國小之前，有足夠的肢體活動，如歌唱舞蹈、語言交談、視聽學習等感官行動，才能漸漸構築大腦神經網絡的發展。誠如哈佛人類行為學者伊爾斯（Felton Earls）所說：「到四歲左右，基本上已建構出一個日後改變可能性不多的大腦。」透過這些感官的活動，對日後的閱讀、書寫、注意力、記憶和知覺等能力，乃至情緒智商（EQ），都有決定性的影響。當孩子發展出健全的大腦功能之後，其心智發展的學習才有著落。

然而，如今大部分的父母卻忽略這項科學研究的事實。一味相信孩子的學業和認識能力，可以靠補習這帖靈藥得來。這正像國王相信醫生，可以開出即刻成長的藥方一樣，那是不智的想法。

我長期的研究觀察，發現許多孩子在學齡前由於大腦功能發展不足，到了小學和中學階段，又缺乏在實做中學習以及適當的思考啟發，以致基本知識和體驗不足。長大後即便想要有所作為，卻總是欲振乏力。我絕對相信，成長不是一蹴可幾的，而是持續努力的結果。

三 白吃六個餅

人生像登大山，
要自己一步步走上去，
努力總不會白廢，
因為功不唐捐。
大家激賞臨門一腳，
卻忽略了一連串的累積。
請留神！
真功夫就在腳下。

實事求是，保持步步踏實的人，不但意志力較強，容易成功，遇到重大挑戰時，也比較有信心安度難關。踏實的人，做起事來，會把目標分成幾個部分，分別訂出時間表，依序完成進度，從而獲得成功。

一般人都很羨慕別人成功，做事有效率，總會把眼光投注在成功的「臨門一腳」上，以為它就是成功的全部原因。事實上，成功的最後一步，是累積一連串的行動所獲致的結果。這就好像登高山一樣，必須堅持百忍，最後才能登頂。佛陀說了個故事：

有個人肚子餓了，就去買煎餅吃。他一連買了六個吃下肚，還覺得不夠，於是又買了一個。這次，他只吃半個就覺得飽了。於是，他非常懊悔地責打自己的嘴巴說：「早知道最後這半個餅能讓我吃飽，那我不是只買這半個就可以了嗎？前面的六個餅，真是白白浪費了！」

佛陀在故事的最後指出：勤苦努力多時，才有成功的一日；若只羨慕最後成就的快樂，是不可能得到成果的。

我常看到有些人，醉心羨慕別人的成就，卻不肯一點一滴累積經驗，做長期的努力，只希望能一步登頂。這不但容易造成挫折感，有時還會為了急於成就，而起歹念，做出糊塗事來。想一夕致富的人，容易做出非法勾當，詐騙搶奪是其慣用的伎倆。想快速飛黃騰達的人，結黨營私、貪贓枉法等，便是其常用的手段。只看騰達和富裕的目標，不去思考努力的過程以及正當的方法，往往會鋌而走險，不能自拔。我曾遇見過一對退休的老夫妻，他們僅有的老本被兒子拿去投資，弄得血本無歸，晚景淒涼。詢問原因，是兒子想快速致富，又不肯步步踏實努力，所造成的惡果。

我有個朋友，兒子研究所畢業，即將成為社會新鮮人。他為了教導兒子步步踏實的道理，邀兒子一起參與登玉山的活動。登山隊長途跋涉，第一晚在排雲山莊紮營。次日清晨二時許，起個大早，攻頂玉山主峰。登山途中，雖然疲累，但父子倆總是互相提醒：「不要想著路途遙遠，而是著眼於每一步；走了一步再踏出一步，直到登頂為止。」這句話成為父子當天互相勉勵的話。

他告訴我說，他沒有對兒子說教，也沒什麼叮嚀，只是在登頂的那一剎那，跟孩子說：「人生就像登山一樣，是一步步踏實地走上來的。」父子彼此欣然地會心一笑。

我非常欣賞這位朋友，用別出心裁的方式，對兒子做了「步步踏實」的剴切提示。我真希望每個人都能留意到這個真理。

四 老師受害

敵意衍生憤怒，
帶來災難。
為了締造共同幸福，
歧見生恨，
可以導致殺戮。
為了共同的責任，
意見相左，
可以導致互相推諉。

敵意起源於不安全感。當個體自覺受到威脅，遭遇偽善或損失，或者受到委屈時，就會產生警覺，保護自身的安全。人的大腦必須建立這樣一套防衛系統，才能保障人身不受侵犯。因此，當人們處於危險的情境時，就會自然而然的啟動防衛系統。可是危機一過，我們就會放下它，恢復自在感。用友愛、慈悲和創意去生活，開展生命的喜樂和幸福。但是，有些人就是一直無法放鬆下來，始終保持防衛性，以致造成焦慮不安，滋生敵意。

個體若不能建立以上平衡機制，不但耗費心能，更逐漸堆砌心中的敵意。於是容易產生憎恨、憤怒和出現暴力的行為。人類邪惡的來源，大部分都是從這裡發展出來的。嚴重的話，就會產生殺戮、戰爭和謀害；輕些則產生詛咒、構陷和憤怒等。敵意持續發展的終極形態是暴力，不管是肢體暴力或語言暴力，都會向非理性方向擴展，並對敵意的對象（無論是個人或團體）做出攻擊或致命的誹謗，而無視於真實。

敵意就心理世界而言，是埋葬理性，放棄智慧，不顧後果地做最後一擊的禍首。經觀察犯罪行為、夫妻相處、社會現象，乃至政治活動，都有這類的非理性行為出現。只要它出現得強烈、頻率多，就會有災難和痛苦。

佛陀的教誡是悲智雙運。他指出，要用慈悲和愛來取代憎恨和敵意，要用智慧化解非理性的衝動。只要人肯提起正念，用平直心去面對現實，用智慧和創意尋找回應之道，就能轉化敵意、憎恨和暴力，成為拓展幸福的力量。我常常引用佛陀的比喻，在關鍵點上，提示心理受創的人，許多人從而得到很好的啟發。佛陀的比喻開導是：

> 從前有一位老師，雙腿罹病，疼痛痲痹，因此由兩位弟子隨侍按摩，各負責一隻腿。不料這兩個學生有過節，對彼此有敵意，像冤家一樣的相互憎恨。有一天，甲生有事先走開，乙生就把對方負責的那隻腿敲斷。甲生回來見狀，異常憤怒，為了報復，即刻也把另一隻腿敲斷。雙方為了彼此的敵意，讓他們敬愛的老師平白受害了。

放眼所及，夫妻有忌恨之爭，兄弟有鬩牆之爭，派系有互別苗頭之爭。敵意日積月累，恨意無從消滅，終至釀成災禍。於是，我們可以看到恩愛夫妻反目成仇，兄弟手足相互殘害，派系傾軋讓團隊虛耗潰敗，政黨惡鬥讓生民塗炭，家國不安。

興利與防弊一樣重要。防範敵意的蔓延，是個人的道德，也是一件功德。我們身處在自由開放的社會，每個人都有言論的自由，可是當你聽到言論資訊中，摻雜著敵意與分化，鼓動著對立與仇恨時，無論所要處理的是家事、事業或國事，都要仔細三思，否則敵意會燃起無名火，毀去彼此辛苦建立的幸福。

五 磨製玩具

玩物喪志，
是因為執著不悟；
沉迷電玩，
導因於習氣深重。
一念清醒，
作息必然平衡；
自我控制，
生活煥然一新。

人的思考必須保持彈性，才能在複雜多變的社會裡，有效的回應挑戰，調適生活，開展幸福的人生。而所謂彈性思考，就是智慧與創意。

有創意的人，不會抱持著死腦筋，陷在執著和刻板的觀念裡，走不出來。從實務中便可觀察到，玩物喪志的人，是被一種娛悅的習慣所困。他們執著在自以為是的安樂窩裡，不願意改變，也不願意嘗試更好、更具建設性的目標或行動。因此他們最大的問題是失去創意，凡事只有一種刻板的答案。

反觀憂鬱症者，則是整天被瀰漫性的消極性想法所困，沮喪地望著失去的光環，又缺乏積極振作的行動。他們執著在死胡同裡，看不出新的希望，找不到其他有價值的目標。焦慮症也一樣，執著在擔心的事情上。懼怕不利於己的事到來，惶惶不可終日，卻又找不到新的思考路徑，看不出清新的視野，以致長期陷入焦灼不安的病症。

執著習氣重的人，思考呆板，墨守成規，不願做新的嘗試，凡事就只遵循一種方式。他們疏於照顧全局，只著重在一個點上，便會變得偏頗，沒有全瞻性。他們否定別人的任何建議，認為那些都是不合理、不切實際的，於是漸漸成為不會思考的

「蛋頭」。人執著在「做好事」裡，就會失去判斷的能力；執著在「做壞事」裡，什麼傷天害理的事都做得出來，不可不慎。佛陀比喻說：

> 有一個人，每天勤奮地雕磨一塊大石頭，經過好幾年的時間，把它磨成一隻小石牛，結果只能當玩具，沒有其他的用處。他所費的工夫很多，但收穫卻很少。

在這則故事之後，佛陀指出：人除了勤奮的修持之外，還需要有智慧，否則就會用力多而收穫少，得不償失，甚至會造成過錯。

彈性思考就是創意的根源，它是一種活潑的思想方式。人一旦養成這種好習慣，便能見人之所未見，思人之所未思，凡事覺察出不同的答案，從中選擇最有價值的方式去行動。

有一位失業的年輕人問我：「我已經失業半年，每天坐困愁城，不知該怎麼辦才好？」我問他：「你曾想過怎麼辦嗎？」他說：「我想另找一份工作，但一直找不到合適的。」我建議他：「其實你有許多選擇。其一，你可以抱著『雖然不滿意，但可以接受』的心態去就業，然後騎驢找馬。其二，接受新的職業訓練，然後改行發展。其三，回學校進修，學習和擴充新知，再行就業。其四，自創生意或事業。可能還有更多的主意，你選一個，好好幹就是了。」他聽完後若有所思。

人最怕執著和僵化，從而失去彈性思考與創意。但，光是思考和創意是不夠的，俗話說「不怕慢，只怕站」。除了懂得彈性思考外，還要懂得當機行動才行。

六 禿頭求醫

看世間事，
有苦也有樂；
問生活承擔，
有誰家不辛苦？
心甘情願者，
隨緣自在；
抱怨多心者，
精神失衡。

精神疾病或心理症，往往是正當受苦的代替品。人生的路程是艱辛的，人活著一定會遭遇難題，承受許多挑戰。我們應該做的是看清它，知道怎麼解決或回應，而不是逃避，或者對它抱怨、忿恨或懼怕。你能克服的，就該設法去解決；不能克服的，便要學習包容、接納和順應。若只是逃避正當受苦，將會帶來更多的難題，變成苦中加苦。

三十多年來，我一直致力於心理工作。心靈晤談的工作，讓我明白人的精神生活，就建立在對苦的態度上。這對我的人生有著深邃的啟發，從而更了解佛陀所說的「苦聖諦」。受痛苦創傷的人，讓我有機會認識苦的本質，以及轉苦為樂的關鍵。什麼是苦聖諦呢？簡單的說，生命本身就是艱辛的過程。若能心甘情願地看待它，無怨無悔地去承受擔當，那這就是苦聖諦的意義。把握這個真理，就不會被煩惱難倒。因為你接受了它，就能在艱辛中振作起來，保持精進和光明性。

我們在碰到痛苦時，當然會呻吟、抱怨、感傷、憤怒、遺憾等等。這些不舒服和痛苦，有時還會引發生理上的痛楚。然而，這些痛苦透過我們的心智和精神力，卻可帶來新的教訓，甚至是啟發。誠如心理學家佩克所說：「那些痛苦的事，都在教導我們。」有智慧的人不怕問題，甚至歡迎痛苦的挑戰，而不是躲避問題。佛陀做了個比喻說：

有一個人，頭上光禿禿沒有頭髮，因此冬天覺得特別冷，夏天太陽曬得特別熱，還有蚊蟲叮咬，很是痛苦。他到處打聽醫生，想要治癒禿頭這個毛病。後來找到一位名醫，聽說能治一切疑難雜症，他便跑去對醫生說：「我的禿頭病實在太痛苦了，請你醫治我的病。」不料這位醫生立刻脫下帽子，笑容可掬地把自己的禿頭秀給他看。醫生說：「對不起，我自己也患這個毛病，假使能治好，我早就醫好它了。」

這個故事的背後，佛陀指出：人生有許多的痛苦無法迴避，關鍵在於如何調適，而非逃避它，擺脫它。

現代醫學雖然進步，但人生還是有其極限，生老病死的痛苦，遲早都要面對，因此佛陀用禿頭來比喻生老病死的不可避免。此外，工作職場上也將面臨各式各樣的苦，你若學不會承擔，就會失去經濟生活的依恃。這些痛苦都是與生俱來的，苦正是生命的現象，誰都不能免。對治之道就是了解苦，並做出正確的回應。佛陀指出：苦是由集而來的，欲望太多會集苦；遭遇到應當受的苦，卻不肯面對現實，也會集苦。要想滅除痛苦，就得有一套方法，那就是道。

道就是正當的受苦，它包括正見、正思、正語、正業、正命、正進、正念和正定（合稱八正道）。好好在這八個要素上下功夫，提高解決問題的智慧和能力，那就是正當受苦，就不會聚集苦痛，而陷入惡性循環中。

七 泉水不停

清泉汩汩，
流泄不已；
心靈如泉，
智慧創意不息。
隨緣運用，
利生不止；
堵塞泉源，
乾渴氾濫四起。

生命表現出人的身心需要。只要有生命，就得為活下去的種種需求而努力，直到它自然停止為止。在這過程中，個體表現出智慧和慈悲，去愛人行公義，展現美好的人生。我們的種種需要，便是創造人生的彩料，它源源不絕。

有生命的五蘊色身，所面對的就是無常的情境。生活的環境在變，社會文化潮流在變，經濟生活變化更大，而你自己的想法、情緒和身心狀況，也都在變化之中。生命就是要面對諸多的無常和挑戰，所以不能以逃避的態度來過日子，不可用刻板的觀念來回應挑戰，更不該用執著的心去回應現實。這些消極性的回應並無法帶領你解決問題，反而會製造更多的困難和痛苦。

因此，我們應該要用活潑的心、彈性的思考，以及創意的智慧，去面對生活的種種挑戰和需求。無論你遇到的是好運順境，或者不幸碰到逆境，都得面對現實。所以慈悲和智慧的法水，就像清淨的泉水一樣，不斷地湧現。

從實務經驗中可以發現，有許多人在面對生活和工作的新挑戰時，會完全固執在舊經驗裡，而阻塞了活潑的思考，蒙蔽真知灼見的眼光。於是，有些人陷入無知和沮喪，造成憂愁和心情低落。有些人老羞成怒，或抱怨憤懣，或責怪諉過，所謂眾苦煎迫，就從這兒發展出來。

有些人則懂得從光明面著手，面對真實，接受挑戰，不管是好是壞，都願意擔當，儘量把它做到最好。即使是無能為力、無可改變的事，他們也願意接受，並從現實中找到意義和啟發。

一位慈母深深的感動了我。她是一位清潔工，每天帶著天生多重障礙的女兒，一起打掃公園馬路。女兒不時需要協助，因為她重度智能障礙，無法照顧自己。明白的說，這位媽媽要一邊打掃，一邊照顧女兒。但這位女士的臉龐，卻顯露出自在的法喜。近年來，我常看到生活條件優渥的人，時露出悲苦和憤怒，反觀這位母親，卻在沉重負擔中，流露著自在曠達。

我不禁自問，誰才是生活的達人？是執著於享樂的人，還是逃避責任的人？是富裕的人，抑或清貧肯承擔的自在者？佛陀說了個故事：

有一個人，行遠路來到野外，真是又累又渴。他剛好在路旁看到一泓清泉，涓涓流出好水，於是大口喝水，一會兒就解渴了。這時他對著涓涓泉水說：「

我已經喝夠了，水不必再流出來了。」可是泉水依然不止，於是他憤怒焦灼起來。有人看到這一幕，便對他說：「你不需要它，自行離去就是了，何必阻止山泉水呢？」

我們的心就像泉水一樣，要常保持流通，否則就沒水可用。所以《六祖壇經》中說：「心不住法，道即通流。」人若不被執著和成見所困，覺性與智慧就會如同泉水一樣，細水長流，取之不盡，用之不竭。不讓心中的泉水枯竭，就能享用無盡；只要打開心中的執著淤塞，清淨智慧之水，就會享用不完。

八

寶篋裡有人

心中一寶篋，
蘊藏無量寶；
禪心來開啟，
長年可溫飽。
慌亂多執著，
不見個中寶；
棄之如敝屣，
生活怎會好？

人的心靈安靜下來時，覺察和思考也會跟著敏捷起來。心理學研究發現，坐禪時透過觀呼吸，聆聽並專注於吸氣與吐氣，不用多久，人就會更加清醒，注意力也會提高。寧靜覺察（restful alert）的心，就像裝著無價珍寶的寶篋，有創意，有喜悅，能有效思考，能回應生活上的種種挑戰。

忙碌的現代人，競爭激烈，工時過長，知識和技術的半衰期越來越短。如果沒有適時打開這個寶篋，把裡頭的珍寶拿出來用，很快就會黔驢技窮。不過，要打開這個寶篋，可不是那麼容易，因為它被種種執著封塵。尤其是成見、舊觀念、執著和自我中心之類的意識，會浮現在你的腦海，阻擋你接近寶篋中的珍寶。

這些根深柢固的意識牢結，會憤怒地告訴你：「要維護自己的面子，要爭到底！」會以羞辱的語氣對你說：「如果輸了，那就很可恥，見不得人！」或者以嫉妒的態度告訴你：「他怎麼可能比你好呢？這是多麼不公平，你是多麼委屈啊！」這些內在意識的對話，會帶來許多煩惱、不平和憂愁，讓人一直陷在紛繁和困境之中，以致看不到心中的珍寶，更甭說拿出來用了。佛陀說：

從前有個人欠了許多債，無法償還，只好躲到人煙稀少的郊外。在這裡，他發現了一個寶篋，打開一看，裡頭竟然都是珍寶。在這珍寶上頭，有一面鏡子覆蓋著，他正想動手去取那些珍寶時，突然看到鏡子裡出現了人影，嚇得連忙停手；其實鏡中之人，正是他自己的影像。他對鏡中人說：「我以為寶篋是空的，沒想到有你在。」於是嚇得連忙放下寶篋逃走。

這個寶篋正是蘊藏著智慧的寶庫，可以孕育一切創意和行動，讓生活更加幸福喜樂。每個人都有這樣一個寶篋，不過一旦起了成見、執著和情染，就會不敢取用自家的珍寶。佛陀說了這個故事之後指出：世上有許多人，被煩惱和無知所困，而變得貧窮苦惱，失去幸福。如果想要修持智慧，開啟新生，重新拾回幸福，就得先放下種種惡習、執著和成見，打開自己的寶篋來用才行。

人要想從煩惱中解脫出來，就要先掙脫綑綁我們的「我執」和「自我中心」的繩索。要想聰慧和成長，就得打破舊觀念，虛懷若谷的學習才可能辦得到。要想生活幸福，就得改正惡習，培養好的態度才對。

一個放下我執的人，既不自負，也不自卑，其心靈常保持著謙卑，能包容各種不同的意見，因此能開啟智慧的寶篋，展開豐富自在的人生。

九

學國王眨眼

獨立清醒，
建立互愛的人際，
就能從溫馨中，
發展健康的人生。
逢迎依附，
一味虛偽奉承，
在是非不明中，
化作迂腐無恥。

人際和諧是心理上的基本需要，也是安全感和價值感的一部分。人生來就需要人際支持，彼此互相協助、啟發、分享和照顧。所以，我們必須與他人建立彼此的關係，而這人際關係如果是建立在互愛上，就會產生情感、經濟、評價和工具的相互支援，形成創造和溫馨的力量。

反之，如果是以討好的方式，逢迎附和，甚至一味奉承，阿諛成習，那就會表現出消極性的後果。採取討好策略的人，只希望博得別人的青睞，而不是實質的人際支持。因此明理的人會覺得肉麻，想疏離他；想利用他的人，則與之迎合，互相搭唱，不但看不出人際支持的溫暖，更會失去清醒的創造性。

一味討好的人，其處世態度往往在讓周邊的人都滿意，希望所有的人都歡喜。只要別人有意見或不滿意，就認為是自己做得不好，而變得沮喪和失望。這不但容易活得不快樂和痛苦，甚至還會帶來情緒低落的問題。

此外，具有討好性格特質的人，容易被別有居心的人利用或操控。為了討好而不分青紅皂白，往往表錯情、說錯話，而造成「熱臉貼冷屁股」的現象，弄得相當尷尬。佛陀說：

從前有個人，難得有機會親近國王，想要博得國王的歡心，就去請教別人討好國王的方法。那人告訴他：「要得到國王的歡心，就得處處學著國王的樣子。」這人每天注意國王的舉動，一心要學國王的樣子。那時國王剛好眼睛不適，不時眨眼，因此他也跟著不斷的眨眼。國王問他：「你是不是眼睛不舒服，或者受風沙侵擾？」他說：「我的眼睛沒有毛病，只是為了討陛下歡心，處處學您的樣子。」國王聽了很生氣的說：「你真是一個大笨蛋！」就叫人把他驅逐出宮。

這真是「畫虎不成反類犬」的結局。討好的行為，不是經由理性思考、面對真實所做的明智回應。它是出於阿諛奉承和沽名釣譽，完全失去積極性和建設性，甚至會帶來錯誤的判斷。難怪佛陀在說完故事後指出：虛假的討好，永遠失去真實的法益和悟證之道，反而會墮落在錯誤和惡道中，帶來痛苦。

討好只是為了滿足虛榮，安撫一時的不安，或者遂行私欲，因此往往疏於面對真實。也就是說，討好的最大問題是失真，而失真便是誤入歧途的罪魁禍首。教育子

女若處處討好，必然教導無方；施政若只一味討好徇私，而無經世濟民的行動，政局必然落後衰退，是徒勞而無實益的。

十 上樓磨刀

盲目行事，
必是勞而無功；
謀事無方，
不免功敗垂成。
臨事而懼，
可以好謀而成；
悉心擘畫，
必然一帆風順。

我們常聽說，為人處事首重明白事理。凡事要把理路想清楚，對前因後果充分掌握，才能提出正確的解決問題之道。做事方法不對，即便有再好的目標，都無法達成；有再好的機會，也無法獲得好的成果。佛陀說過一個故事：

從前有一個鄉下人，他被國王徵去工作，受了許多苦。國王為了補償他的辛勞，便賞賜他一隻死駱駝，好剝皮來賣。他將駱駝運回家中，開始動手切剝，無奈刀子很鈍，簡直割不下去。幸好他在自家的樓上找到磨刀石。但是，駱駝的皮很硬，他才割沒幾下，刀子就鈍了，只得再上樓磨刀。這樣來來回回，令他疲勞不堪。後來他想出一個方法：把駱駝吊到樓上，以便一邊磨刀，一邊切割剝皮。他得意洋洋地自以為很有創意，卻把家裡的樓閣，弄得一塌糊塗。

這則故事的結尾，佛陀指出：凡事都要在「因」上下功夫，懂得對症下藥，才能解決問題。心智的修鍊也是一樣的。由於欠缺清楚的思考，反倒把偌大的駱駝吊到二樓來剝皮，他所付出的代價實在太大了，不但要冒許多風險，而且效果也不好。

我們生活在文明的時代，大概不會有人如法炮製做這種事。但不明就裡、做出傻事的人，卻仍屢見不鮮。最普遍的，便是對愛的誤解。我曾經看到一則新聞說，日本某國民小學的班上，為了表演白雪公主一劇，許多家長介入，要求讓自己的孩子演白雪公主。老師拗不過他們，只好讓每個學生都去演白雪公主。這還能算是一齣劇嗎？我看到這則新聞，心想，那些為人父母者，跟那個吊駱駝上二樓的鄉下人，不是有些雷同嗎？

俗話常說「殺雞焉用牛刀」。我們常把小事放大，當作大問題來處理；將少許不如意，視為大災難。以致小題大作，累壞了自己，也增加許多無謂的困擾。我在婚姻晤談中最常發現這種現象。那些把小爭執，擴大為大危機來處理的夫妻，很容易製造衝突和敵意，腐蝕原有的愛情基礎，漸行漸遠，終致婚姻的破裂與無可挽回。

佛陀的這個隱喻故事，也指出做事的方法和標的要對等。處事要恰到好處、恰如其分，不能「拿大砲打小鳥」，造成不對等的謬誤。培養恰到好處的待人接物智慧，沒有捷徑，只有多學習、多歷練，多思考、多參與。透過經驗的累積，發展智慧和慈悲，是任事成功的秘訣。

十一 喝不完的河水

生活中的美好，
有如大河般滔滔，
沒有幾個人，
會真心去欣賞。
追求功利的急切，
十全十美的要求，
多少喜樂，
黯然化作愁容。

在日常生活和工作中，只要你稍稍留意，就有許多樂趣，或令你會心莞爾的事；只要你願意去欣賞，就有諸多賞心悅目的美。不過現代人普遍忙於汲汲營營，心思總是放在忙碌和擔憂的事情上，忽略雅興的培養，以致對快樂視而不見，對眼前的美好無動於衷，因此自覺不快樂的人，已有逐年增加的趨向。

人生不是沒有快樂，而是沒有發現快樂。就像一個口渴的人，看到大河的水，卻不懂得取水飲用一樣。佛陀在《百喻經》中說：

有一個旅者，徒步走了很久，口渴難耐，到處尋找水源，終於找到一條滔滔大河，水清可口。然而旅者卻站在河邊發呆，並沒有取水飲用。旁人問道：「你不是口渴嗎？怎麼不喝水呢？」旅者答說：「你喝得完這麼多水嗎？要是喝得完，我早就喝了。」大家聽了，不禁嗤笑他。

佛陀拿這個故事比喻思想僵化的人，看到該學習的知識、能力和智慧無窮無盡，不可能學得完，索性放任不學，於是變得無知窮困；看到該做的事和責任太多，不可能一蹴完成，乾脆放棄不做。許多人就是因為這樣，才會頹廢墮落，一事無成。

一個凡事追求完美的人，會強迫自己達成不可能的目標，並以之來衡量自己的價值。他們不斷鞭策自己，導致壓力過大，產生嚴重的焦慮，或因懼怕失敗而從生活中撤退，甚至逃避一切挑戰，把自己封鎖起來。他們深陷在「不全則無」的意識牢結裡，懷抱著「不是全勝，便是全敗」的錯誤價值觀，相信不贏過別人，生活就沒有意義。因此心情自然在挫敗、罪過、沮喪和憂鬱中，不斷的擺盪。誠如心理諮商大師柏恩斯（David D. Burns）所說：「這種非全勝即全敗的想法，會不斷打擊自己，無論做什麼，都感覺達不到目標，而變得無助和沮喪，最後完全的放棄。」

此外，追求完美的人，總把眼光投注在失敗或失去的部分，無視於生活中的美好。因此無法自我激勵，沒有信心往前走，這也是招致失敗的惡習，殊值防範。伯恩斯曾經做過調查，發現百分之四十的人有追求完美的傾向，這表示世上不快樂的人為數相當可觀，值得重視和改正。

我們應追求合理的卓越，而非追求完美的自我挑剔。只有這樣，才能活得健康快樂，才真正懂得禪家所說「西江之水，只取一瓢飲」的智慧。

十二 索討無物

人生是真空妙有的：
年輕時日初照，
要把握學習、成長和負責。
中壯年日轉照，
要參透生命的意義，
創造豐富的人生。
年老臨終日夕照，
須勇於放下，
歸向莊嚴的世主。

生命從誕生起，開始他的旅程。為了生存，每個人都必須學習謀生和待人接物的能力。接著是發揮自我功能，增廣見聞，獨立生活，貢獻所長，開展有意義的人生。最後則要認清生命的本質，以超越現象界的智慧，與本體世界相契，《華嚴經》把它叫一真法界。

每個生命都像蓮華一樣，開了然後謝去，結了果又以種子再生，就這樣循環不已。每一期生命都像在演一齣特別的戲，演完了，下了舞台，什麼也帶不走。所以，人生要慈悲喜捨，創造福報，布施分享。生命結束時刻，人生的舞台也將落幕，要懂得拍拍手，開心的走開。你不會穿著戲袍回家，一路上讓人家指指點點；你也不會把道具搬到現實生活中來用，因為它畢竟只是道具。所以當我們在舞台上時，就要好好的演出，從中陶冶演技和智慧。

當我在做臨終關懷的個案時，總是提醒臨終者：放下這些有形的東西，包括自己的身體、財產、情緒和執著。用你的智慧，無形無相的真如，回到一真法界。就好像回到真正的家，那兒比這兒自在、喜樂與祥和。生命也像完成一趟美好的旅行，然後回到自在的本家。途中無論風景有多美，都不可能把它帶回家。如果你執著於它，就會迷失他鄉，回不了家。這就是佛陀給我們人生究竟的教導。

此外，在生命之旅的途中，我們要學習互相友愛，創造福報和分享。對待周邊的人要布施、愛語、利行、同事，相互攝受幫助，用慈悲與智慧來實現生命的光與熱，然後放下它，不要因為執著而流連忘返，迷失受苦。佛陀為了加深大家的認識，以「索取不到東西」的故事比喻說：

甲乙兩個人走在路上，遇到一輛裝滿芝麻的車子，陷入泥淖走不動。車主拜託兩人幫忙推車，好拉出泥淖。兩人回答說：「你給我們什麼當報酬？」車主答說：「沒有東西可以給你們。」接著，兩人合力把車子推上路，於是向車主索取報酬。車主還是老話一句：「沒有東西可以給你們。」這時甲激動的說：「請你快把『沒有東西』給我們呀！它總是一個東西吧！」他伸手認真地向車主索討。當下，乙突然有所醒悟，笑著說：「老兄！我們走吧！不必向他索取了，他已經給我們『沒有東西』了。」

佛陀用這個譬喻，告訴我們，每個生命固然有它的表現，以實現其光明面，創造善行與幸福，但畢竟只是實現，你無法帶走它。人到了臨終之時，沒有任何東西可以帶走，生命的歷程是開展智慧，朝向光明的精神世界靠過去。

人必須了解「空無」的道理，同時要知道努力去推動生命的「車子」，創造和體驗生命過程中的喜悅和福報，從而鍛鍊出純淨光潔的佛性，這就是生命的普遍真理。在生活之中，唯有契會無所有或沒有東西的真諦，才能讓人生過得自在。這便是禪家所謂的「真空妙有」。人就在這個節骨眼裡，契會空、無相、無作「三門」，而真正開悟，入於光明的蓮華藏世界或本體世界。

我們既需創造幸福的人生，發展有生之年的幸福，也要徹悟三門，領悟空、無相和無作的真理，孕育智慧，創造豐足人生，並參入光明的法界。